CYWILIZACJA MIŁOŚCI

RODZINA PEŁNA MIŁOŚCI
NAUCZANIE ŚW. JANA PAWŁA II

Poprzez rodzinę przepływa główny nurt cywilizacji miłości.

św. Jan Paweł II

autor obrazu: Robert Kraszewski

Katarzyna Dorosz

CYWILIZACJA MIŁOŚCI

RODZINA PEŁNA MIŁOŚCI

NAUCZANIE ŚW. JANA PAWŁA II

Toruń 2022

© Akademia Kultury Społecznej i Medialnej – Akademia Nauk Społecznych,
Toruń 2022
© by Katarzyna Dorosz, Toruń 2022

Redakcja:
Kaja Wilkosz

Recenzenci:
ks. dr Adam M. Filipowicz
ks. Edmund Szaniawski

Korekta:
Katarzyna Cegielska

Projekt okładki:
Alicja Czarniecka

Opracowanie graficzne i łamanie:
Teresa Stańczyk

ISBN 978-83-89124-68-5

Wydawca:
Akademia Kultury Społecznej i Medialnej w Toruniu
ul. św. Józefa 23/35; 87-100 Toruń, tel. (56) 610 71 34
www.wydawnictwo@aksim.edu.pl

Toruń 2022

Spis treści

Wprowadzenie 11

Cywilizacja miłości. Nauczanie św. Jana Pawła II 15

Totus Tuus (Cały twój) 17

O Papieżu Polaku słów kilka … 19

Od mentora… 23

Ecce Homo… (Oto człowiek) 33

Kobieta 47

Mężczyzna 61

Małżeństwo 69

Rodzina 89

Dziecko 107

Senior 117

Na koniec jeszcze kilka anegdot z życia Jana Pawła II … 129

Ciekawostki o Janie Pawle II 133

Jan Paweł II – moje cytaty dla Was 135

Bibliografia 139

Książkę dedykuję wszystkim Rodzinom, Kobietom, Mężczyznom, Dzieciom, Seniorom. Niechaj światło nauczania Kościoła kształtuje Wasze serca, umysły i charaktery. Słowami św. Jana Pawła II i wszystkich Dostojników Kościoła wyrażam wdzięczność za tworzenie Wielkiej Wspólnej Rodziny Kościoła.

Szczególne podziękowania kieruję do:
- Jego Ekscelencji Arcybiskupa Christophe'a Pierre'a, Nuncjusza Apostolskiego w Stanach Zjednoczonych Ameryki, Księdza Prałata Johna Paula Pedrery, Księdza Prałata Séamusa Horgana,
- Księdza Prałata Bogdana Bartołda,
- Księdza Macieja Jaszczołta.

W wydawniczym wysiłku wspierali mnie także:
Ksiądz dr Adam M. Filipowicz oraz Ksiądz Edmund Szaniawski

Książkę dedykuję mojemu synowi, Damianowi.
Abyś poprzez odkrycie prawdy o człowieku,
otaczał każdego miłością i pokojem.
Abyś dając ludziom miłość i wsparcie,
odnalazł drogę do spokoju.
Czyń dobro, a będziesz szczęśliwy.

Papież Jan Paweł II dał nam niezwykle ważne spostrzeżenia do rozważenia, kiedy próbujemy zrozumieć, co stanowi przymierze małżeńskie, fundamentalny związek mężczyzny i kobiety, rolę i wartość Rodziny oraz zasadniczą rolę dzieci i seniorów w naszym społeczeństwie.

Jest prawdziwym i niezawodnym przewodnikiem, który pomaga nam zrozumieć istotę Miłości, która jest jedyną prawdziwą koniecznością ludzkiej egzystencji.

To podstawowe kompendium tych „boskich pereł mądrości" zostało uchwycone i przedstawione czytelnikowi w tej istotnej książce, która jest doskonale zatytułowana „Cywilizacja miłości".

Nie lada sztuką jest uchwycić istotę i treść papieskiej encykliki niezmienioną w interpretacji, ale wciąż w formie przyswajalnej dla przeciętnego czytelnika. Pani Katarzynie Dorosz udało się w zupełności dokonać tego.

Rodzina jest fundamentem naszego społeczeństwa, a wraz z nią rola Miłości w kierowaniu wszystkimi etapami naszego życia, od narodzin do śmierci, została jasno wyartykułowana przez tego wielkiego Papieża Polaka, który w ten sposób zasłużył na swój czuły przydomek „Papież Rodziny".

Stąd też podtytuł tej książki „Rodzina pełna miłości". Książka jest podzielona na jasne i zrozumiałe rozdziały, z których każdy dotyczy postępu w ludzkiej egzystencji: Ecce Homo (który dotyczy globalnej kondycji ludzkości), Kobieta, Mężczyzna, Małżeństwo, Rodzina, Dziecko, Senior.

W każdym rozdziale słowa Papieża są wyraźnie przedstawione, a interweniujący tekst autora służy do eleganckiego wprowadzenia i wyjaśnienia, nie sprawiając przy tym wrażenia ingerencji.

Aby móc się rozwijać i rozumieć rolę, jaką wszyscy odgrywamy w życiu, każdy człowiek potrzebuje ramy odniesienia, „vademecum" wartości moralnych wewnętrznie zgodnych z filozofią Wiary i Kościoła.

Przede wszystkim, ważne jest przesłanie ze wszystkich encyklik Jana Pawła II, ten papież stał na straży podstawowej, danej przez Boga godności mężczyzny i kobiety, od momentu poczęcia, narodzin, aż do przejścia w starość i do naturalnej śmierci. Nazwał to „cywilizacją miłości".

Jeśli mamy stworzyć świat, w którym wciąż powstają „rodziny pełne Miłości", musimy zapoznać się i przyswoić sobie przesłanie zawarte w tej księdze.

Very Reverend Bao Thai
Rector of Christ Cathedral
Diocese of Orange, California

WPROWADZENIE

W wielu społecznościach, szczególnie świata zachodniego, rozbrzmiewa dziś spór o tożsamość człowieka, o redefinicję małżeństwa i rodziny. Wysuwane są roszczenia o prawa związków jednopłciowych i propagowana jest ideologia *gender*. Utrwalona przez wieki tradycyjna forma małżeństwa jako związku mężczyzny i kobiety wydaje się dziś poważnie zagrożona i wymaga szczególnego wsparcia. Sytuacja może wydawać się analogiczna do tej, w jakiej rozwijało się wczesne chrześcijaństwo w świecie przenikniętym tradycją i kulturą oraz pogańskimi wierzeniami starożytnych Grecji i Rzymu. Także małżeństwa i rodziny chrześcijańskie, chociaż rozwijały się i kształtowały w duchu nauczania biblijnego, zwłaszcza teologii św. Pawła Apostoła, musiały wówczas mierzyć się z trudnościami codziennego życia dalekiego od chrześcijańskich ideałów. W kontekście konkretnych problemów pytano o monogamiczny charakter związków małżeńskich, możliwość powtórnego małżeństwa, czy też wielożeństwa, kwestie rozwodów i rozwiązywania związków. Podnoszono istotne zagadnienia z zakresu etyki i moralności w związku z rozwiązłością, cudzołóstwami czy zdradami[1], a także problemami osób w podeszłym wieku, samotnych, wdów, czy też w związku z występującą wśród pogan praktyką porzucania dzieci lub spędzania płodów[2]. Nie sposób jednak byłoby nie odnieść się najpierw do pytania o podstawy antropologiczne, o naturę człowieka jako takiego, a także postrzeganego w zróżnicowaniu na mężczyznę i kobietę. Zakończony jesienią 2015 roku w Rzymie synod biskupów poświęcony zagadnieniom rodziny w dokumencie końcowym wskazał na szereg współczesnych problemów i zagrożeń. Wśród nich w punkcie 8 zwrócił uwagę na ideologię *gender* godzącą w podstawy ludzkiej natury i biologicznie określonej płciowości człowieka:

---

[1] Por. W. Myszor, *Europa. Pierwotne chrześcijaństwo. Idee i życie społeczne chrześcijan (II i III wiek)*, Warszawa 1999/2000, s. 159-182.
[2] Por. tamże, s. 134-158, 183-196; A. Muszala, *Embrion ludzki w starożytnej refleksji teologicznej*, Kraków 2009.

Wyzwanie kulturowe wielkiej wagi wyłania się dziś z owej ideologii „gender", która zaprzecza różnicy i naturalnej komplementarności mężczyzny i kobiety. Ukazuje ona społeczeństwo bez różnic płciowych i banalizuje podstawy antropologiczne rodziny. Ideologia ta wprowadza projekty edukacyjne i wytyczne legislacyjne promujące tożsamość osobistą i związki emocjonalne w całkowitym oderwaniu od różnic biologicznych między mężczyzną a kobietą. Tożsamość człowieka jest zdana na indywidualistyczny wybór, która może się również z czasem zmieniać. W oczach wiary, różnica płciowa między osobami nosi w sobie obraz i podobieństwo Boga (Rdz 1,2627). „Mówi nam to, że nie tylko mężczyzna jako taki jest obrazem Boga, nie tylko kobieta jako taka jest obrazem Boga, lecz również mężczyzna i kobieta jako para są obrazem Boga. Różnica między mężczyzną i kobietą nie służy przeciwstawieniu ani podporządkowaniu, lecz jedności i prokreacji, również na obraz i podobieństwo Boga (...) Możemy powiedzieć, że bez wzajemnego ubogacania się w tej relacji – w myśli i w działaniu, w uczuciach i w pracy, również w wierze – dwoje nie może nawet w pełni zrozumieć, co to znaczy być mężczyzną i kobietą. Dzisiejsza nowoczesna kultura otworzyła nowe przestrzenie, nowe typy wolności i nowe głębie pozwalające wzbogacić rozumienie tej różnicy. Wprowadziła jednak także wiele wątpliwości i wiele sceptycyzmu (...). Usunięcie różnicy (...) stwarza bowiem problem, a nie przynosi rozwiązania" (Franciszek, Audiencja ogólna, 15 kwietnia 2015)[3].

Trzeba żywić głęboką nadzieję, że jak w pierwszych wiekach chrześcijaństwo stopniowo zmieniło mentalność i kulturę ludzi oraz całych społeczeństw, tak i w dobie współczesnych przemian i zagrożeń nadal posiada potencjał, który należy pielęgnować i nieustannie na nowo rozpalać. Człowiek, aby mógł siebie właściwie określić, zrozumieć i rozwijać, potrzebuje odniesienia do trwałych, niezmiennych wartości i pewnych, wewnętrznie spójnych podstaw antropologicznych, zarówno na bazie filozofii jak i teologii. Nieocenioną pomocą w tym zakresie pozostaje nauczanie św. Jana Pawła II, którego spuścizna jako Papieża jest wprost imponująca, obejmująca chociażby encykliki, adhortacje, listy, homilie, katechezy środowe czy też audiencje. Jakże wiele wysiłku włożył Papież, aby propagować wyrosły na chrześcijańskim gruncie per-

---

[3] Synod Biskupów. XIV Zwyczajne Zgromadzenie Ogólne, *Relacja Końcowa Synodu Biskupów Dla Ojca Świętego Franciszka (24 Października 2015)*, 8, Libreria Editrice Vaticana 2015.

sonalizm, bronić godności mężczyzny i kobiety, bronić godności osoby ludzkiej od poczęcia do naturalnej śmierci oraz propagować i budować w świecie „cywilizację miłości"[4]. Dla przykładu wystarczy przywołać fragment adhortacji apostolskiej *Familiaris Consortio* [22], gdzie Jan Paweł II podkreśla równość mężczyzny i kobiety oraz rolę chrześcijaństwa, jaką odegrało w dowartościowaniu godności ich obojga:

Należy przede wszystkim podkreślić godność i odpowiedzialność kobiety, równe godności i odpowiedzialności mężczyzny. Równość ta realizuje się w szczególności we właściwym małżeństwu i rodzinie dawaniu się drugiemu współmałżonkowi i dawaniu się obojga dzieciom. [...] Bóg obdarza godnością osobową w równej mierze mężczyznę i kobietę, ubogacając ich w niezbywalne prawa i odpowiedzialne zadania właściwe osobie ludzkiej. [...] Powie Apostoł Paweł: „Wszyscy ... dzięki ... wierze jesteście synami Bożymi – w Chrystusie Jezusie ... Nie ma już Żyda ani poganina, nie ma już niewolnika ani człowieka wolnego, nie ma już mężczyzny ani kobiety, wszyscy bowiem jesteście kimś jednym w Chrystusie Jezusie"[5].

Publikacja: *Cywilizacja miłości. Rodzina pełna miłości*, autorstwa Pani Katarzyny Dorosz, stanowi swoiste kompendium wypowiedzi Jana Pawła II z zakresu filozofii i teologii człowieka, małżeństwa i rodziny. Po przypomnieniu biogramu Papieża, wybranych myśli mentora (czyli osoby dziś już błogosławionego Stefana Kardynała Wyszyńskiego, Prymasa Tysiąclecia) i ciekawostek z życia Jana Pawła II w rozdziale *Totus Tuus*, Autorka przedstawia nauczanie Papieża uporządkowane tematycznie w następujących kolejno rozdziałach: *Człowiek, Kobieta, Mężczyzna, Małżeństwo, Rodzina, Dziecko, Senior*.

Pani Katarzyna Dorosz, przeprowadzając bogatą kwerendę, pozwala Czytelnikowi w jednym opracowaniu zapoznać się z papieskim nauczaniem na określony interesujący go temat. Czyni to przy tym tak subtelnie i delikatnie, że nie poddaje głębszej analizie i własnej ocenie

---

[4] Nie sposób tu wymienić i przeanalizować całości nauczania Jana Pawła II, ale warto także pamiętać o jego wykładach z tego zakresu, które prowadził jeszcze jako Karol Wojtyła na Katolickim Uniwersytecie Lubelskim, a które znalazły później odzwierciedlenie w publikacjach tłumaczonych także na inne języki: K. Wojtyła, *Osoba i czyn oraz inne studia antropologiczne*, wyd. 3, Lublin 1994; tenże, *Miłość i odpowiedzialność*, Lublin 2015 (wyd. 1 w r. 1960); tenże, *Rozważania o istocie człowieka*, Kraków 1999.

[5] Jan Paweł II, *Familiaris Consortio. Adhortacja apostolska o zadaniach rodziny chrześcijańskiej w świecie współczesnym*, Warszawa 2007, 22, s. 51-52.

poszczególnych fragmentów nauczania Jana Pawła II, pozostawiając to osobistej refleksji i ocenie każdego, kto sam odważy się i zechce sięgnąć po lekturę tego, co nie tylko warto ocalić od zapomnienia, ale także uznać za prawdę i uczynić podstawą do nauczania i realizacji w życiu. Niniejsza publikacja niech stanowi zatem przyczynek do powrotu do piękna myśli i bogactwa nauczania św. Jana Pawła II oraz podjęcia własnych, dogłębnych badań nad poszczególnymi zagadnieniami, wykraczającymi również poza tematykę tej książki, aby znaleźć odpowiedź na ważne intrygujące współczesnego człowieka pytania.

Ks. Adam M. Filipowicz

CYWILIZACJA MIŁOŚCI.
NAUCZANIE ŚW. JANA PAWŁA II

Święty Jan Paweł II nazywany Papieżem rodziny, w swoim nauczaniu ukazuje piękno rodziny, jej wartość i rolę w budowaniu cywilizacji miłości. Na kartach tej książki znajdujemy, oddane prostym językiem, studium najważniejszych wypowiedzi św. Jana Pawła II. Dotyczą one małżeństwa jako przymierza miłości, mówią o bogactwie rodziny, o roli mężczyzny i kobiety, o największym skarbie, jakim jest dziecko, o seniorach i krewnych. Szeroki krąg rodzinny pozwala realizować największą potrzebę ludzkiego serca, jakim jest miłość. Bardzo dobrze dobrane bogactwo cytatów z papieskiego nauczania o rodzinie, jest zachętą do czytania i pozwala zrozumieć, co należy czynić, aby życie w rodzinie stało się źródłem szczęścia dla rodziców i dzieci. I przyczyniało się do budowania dobra we wspólnocie Kościoła i całej rodzinie ludzkiej.

Ksiądz Edmund Szaniawski

TOTUS TUUS (CAŁY TWÓJ)

Papież w ostatnich latach życia, będąc chorym na Parkinsona, nie miał siły mówić, jednak odnajdywał w sobie ducha Bożego, który go prowadził. W tej właśnie słabości widział siłę.

Nigdy nie zostawił nas samych. Zawsze umiłowany w Panu, starał się do końca sprawować swoją wieloletnią posługę dla ludzkości. Nie jest łatwo, kiedy odczuwasz ból, a teraz wyobraź sobie wiek i choroby Papieża, który nigdy się nie skarżył. Jan Paweł II otrzymał nadzwyczajną siłę, która pozwalała mu miłować Boga i ludzi do samego końca. I tu rodzi się pytanie: czy życie Papieża miało w ogóle swój koniec…?

„Non omnis moriar" – „Nie wszystek umrę"

Według mnie, jest to przykład 26-ciu lat pracy na rzecz człowieka i ludzkości. Nie było w niej miejsca na skargę i ból.

W wielkim wymiarze Papież odnosił się do ludzkiej woli oraz nakłaniał do rozstrzygania i stanowienia o sobie. Przykazanie miłości kierował do każdego z osobna, ostrzegając nas przed egoizmem. Proponował skupić się nad dobrem wspólnym. Mówił, że człowiek jest jedynym na świecie stworzeniem, które Bóg stworzył dla siebie, a więc z założenia cechują go nie egoizm, nie materializm, ale gotowość dawania siebie. Powinien zatem kierować się postem moralnym, odpowiedzialnością – przykazaniem miłości.

Jan Paweł II twierdził również, że *„my jesteśmy grzeszni i to należy do ułomności człowieka, ale Bóg nie zachowuje pamięci o grzechach, Bóg miłuje człowieka i szuka dla niego prawdziwej wolności"*. Co oznacza, że człowiek popełnia błędy, ale Bóg mu wybacza.

„Niech zstąpi duch Twój i odnowi oblicze ziemi, tej ziemi"

Jesteś dla mnie moim opiekunem, moim wsparciem… I za to bezgranicznie Ci dziękuję!

Za to, że jesteś ze mną każdego dnia, a ja z Chrystusem.

Katarzyna Dorosz

O PAPIEŻU POLAKU SŁÓW KILKA...

Jan Paweł II był nie tylko Ojcem Świętym, ale także poliglotą, poetą, pedagogiem, dramaturgiem, aktorem amatorem, filozofem i mistykiem – był człowiekiem nietuzinkowym, który swoją siłę i wielkość czerpał z miłości do Boga i bliźniego.

Urodził się jako upragnione dziecko Emilii i Karola Wojtyłów 18 maja 1920 roku w Wadowicach. To rodzinne miasto ukształtowało charakter i serce przyszłego Papieża. Gdy wyruszył do Stolicy Piotrowej, zabrał ze sobą cudowne wspomnienia swojej rodziny, szczególnie ojca. Kiedy bowiem miał 9 lat, umarła jego ukochana mama, a trzy lata później odszedł również jego starszy brat, Edmund. Z dnia na dzień mały Lolek musiał dorosnąć.

Nad edukacją Karola osobiście czuwał ojciec – wieczorami udzielał mu korepetycji i dbał o jego wychowanie duchowe, chodząc z nim do kościoła i ucząc go modlitw. Dzięki takiemu ukierunkowaniu Lolek został ministrantem, a w późniejszym czasie prezesem kółka ministrantów. Pod wpływem nauk ojca i modlitw do Ducha Św. napisał później słynną encyklikę o Duchu Św.

Karol był bardzo uzdolniony i chętnie się uczył. Po zdaniu matury wyjechał z ojcem do Krakowa, gdzie rozpoczął studia polonistyczne na Uniwersytecie Jagiellońskim i rozwijał swoją pasję związaną z aktorstwem. Udział w warsztatach aktorskich w późniejszym czasie pomagał mu przetrwać – zmniejszał strach, dawał siłę i nadzieję, zwłaszcza gdy został na świecie sam.

Po wybuchu II wojny światowej Karol, aby pomóc swojemu ojcu, który zaczął chorować na serce, podjął pracę w kamieniołomie w Zakrzówku oraz w oczyszczalni wody w Borku Fałęckim. Mimo że praca była ponad jego siły, nigdy nie narzekał. W lutym 1941 roku jego ojciec zmarł, a młody Lolek czuł się bardzo zagubiony. Wówczas krawiec Jan Tyranowski pomógł mu odnaleźć powołanie, a rok później Karol wstąpił potajemnie do seminarium duchownego. Skończył też teologię na Uniwersytecie Jagiellońskim.

W 1946 roku Karol Wojtyła przyjął święcenia kapłańskie z rąk kardynała Adama Stefana Sapiehy i został oddelegowany do Rzymu, gdzie rozpoczął studia doktoranckie na Papieskim Uniwersytecie św. Tomasza z Akwinu (doktorat obronił dwa lata później). Po powrocie do Polski został wikarym w Niegowici. Tam zaczął nauczać dzieci, założył dla nich teatrzyk, wyjeżdżał z nimi na wycieczki. Uczył aż w pięciu szkołach, które należały do parafii. Mieszkał przy tym bardzo skromnie, gdyż wszystko, co posiadał, oddawał biednym i chorym.

17 sierpnia 1949 roku wrócił do Krakowa i został wikariuszem w kościele świętego Floriana. Kierując się zasadą, że *„najważniejszy jest człowiek i prawda o nim"*, zajmował się nie tylko duszpasterstwem akademickim i opieką nad chorymi, ale także ruchem teatralnym. Za swoją działalność został doceniony i na wniosek kardynała Stefana Wyszyńskiego, swojego mentora i przyjaciela, obrany w 1958 roku biskupem pomocniczym w Krakowie. Wtedy właśnie za swoje motto przyjął słowa: *„Totus Tuus" („Cały Twój")*.

W Watykanie ceniono go za mądrość oraz umiejętności oratorskie i negocjatorskie. Wielokrotnie przemawiał bowiem podczas Soboru Watykańskiego. Kiedy 26 czerwca 1967 roku w Kaplicy Sykstyńskiej odbyło się ślubowanie kardynałów, był wśród nich także Karol Wojtyła. I tu po raz pierwszy w historii Kościoła, w chwili, gdy ówczesny papież Paweł VI nałożył na głowę Polaka *Beretta Rosa*, zaczęto bić brawa.

Jedenaście lat później, 16 października 1978 roku Karol Wojtyła został Papieżem. Przyjęcie imion Jana i Pawła, tłumaczył następująco:

„Przyjąłem również te same imiona, jakie wybrał mój umiłowany Poprzednik Jan Paweł I. Już bowiem w dniu 26 sierpnia, kiedy wobec Świętego Kolegium ujawnił, że chce się nazywać Jan Paweł – a ta dwoistość imienia była bez precedensu w historii – dostrzegłem w tym jakby wymowny znak łaski na drodze nowego pontyfikatu. A ponieważ pontyfikat ten trwał tylko 33 dni, wypada mi go nie tylko kontynuować, ale niejako podjąć w samym punkcie wyjścia, o którym świadczy naprzód wybór tych dwu właśnie imion. Przyjmując je w ślad za moim umiłowanym Poprzednikiem, pragnę przez to – mniemam, że podobnie jak On – dać wyraz umiłowania dla tego

szczególnego dziedzictwa, jakie pozostawili Papieże Jan XXIII i Paweł VI, oraz gotowości jego kontynuowania z Bożą pomocą. Poprzez te dwa imiona i dwa pontyfikaty nawiązuję łączność z całą tradycją tej świętej Stolicy, z wszystkimi Poprzednikami w wymiarze tego dwudziestego stulecia i w wymiarze stuleci poprzednich, łącząc się coraz dalszymi jakby etapami z całą tą ciągłością posłannictwa i służby, która wyznacza szczególne miejsce Stolicy Piotrowej w Kościele. Jan XXIII i Paweł VI stanowią etap, do którego bezpośrednio pragnę nawiązywać – próg, od którego wspólnie poniekąd z Janem Pawłem I zamierzam iść ku przyszłości, kierując się tym bezgranicznym zaufaniem oraz posłuszeństwem wobec Ducha, którego Chrystus Pan obiecał i zesłał swojemu Kościołowi".

(The Holy See – Jan Paweł II)

Osobistym sekretarzem Jana Pawła II w czasie całego pontyfikatu był ks. Stanisław Dziwisz. Jednakże to kardynał Stefan Wyszyński miał największy wpływ na ukształtowanie się tej pełnej miłości i wiary postawy Papieża Polaka. Uczestniczył on m.in. w inauguracji pontyfikatu, a także przystąpił do *homagium*, czyli uroczystego złożenia hołdu nowemu Papieżowi przez kardynałów. Kiedy całował papieski pierścień, Jan Paweł II na znak szacunku dla Wyszyńskiego uniósł się z tronu, ucałował go w rękę i uścisnął. Następnego dnia doszło do podobnego zdarzenia podczas spotkania Papieża z przybyłymi do Rzymu Polakami. Prymas Polski i Ojciec Święty objęli się w długim uścisku, po którym Jan Paweł II powiedział: *„Nie byłoby na Stolicy Piotrowej tego papieża Polaka, który dziś pełen bojaźni Bożej, ale i pełen ufności, rozpoczyna nowy pontyfikat, gdyby nie było twojej wiary, nie cofającej się przed więzieniem i cierpieniem, twojej heroicznej nadziei, twego zawierzenia bez reszty Matce Kościoła, gdyby nie było Jasnej Góry – i tego całego okresu dziejów Kościoła w Ojczyźnie naszej, które związane są z twoim biskupim i prymasowskim posługiwaniem".* Tymi słowami Papież oddał cześć swojemu mentorowi. Co ciekawe, Jan Paweł II w późniejszym czasie przyznał również, że swój pontyfikat zawdzięcza Wyszyńskiemu. Wielokrotnie wspominał: *„Nie zapomnę słów, które w dniu 16 października – w dniu świętej Jadwigi Śląskiej – wypowiedział do mnie w momencie, gdy zbliżała się decyzja konklawe: Jeśli wybiorą, proszę nie odmawiać'. Bardzo mi wówczas* *dopomógł Prymas Tysiąclecia. Mogłem odpowiedzieć na pytanie zadane mi po wyborze: przyjmuję"*.

Jan Paweł II jako Papież stał się największym obrońcą godności człowieka. Uważał, że *„wartość człowieka nie wynika z tego, co ma, choćby posiadał cały świat, ale z tego, kim jest"*. Z pojęciem godności człowieka łączył także kategorię godności pracy, twierdząc, że praca ludzka ma wartość etyczną: *„Praca jest dobrem człowieka. Przez pracę bowiem człowiek urzeczywistnia swoje człowieczeństwo, bardziej staje się człowiekiem"*. Nie bał się ludzi pracy, rozumiał ich, bo wyszedł spośród nich – swoje przeświadczenia opierał bowiem na doświadczeniu wyniesionym z ciężkiej pracy w kamieniołomach.

Ponadto, Jan Paweł II walczył o równość wszystkich ludzi, w tym przedstawicieli różnych nacji i wyznań religijnych. Zwracał się do nich słowami: *„Nie lękajcie się! To jest nasze być i nasze mieć!"*, podkreślając przy tym, że nie ma gorszych i lepszych ludzi czy gorszych i lepszych narodów. On kochał wszystkich tak samo, nie istniała dla niego inność. Cenił również ludzi starszych i ku nim kierował szczególną uwagę ludzi młodych, aby zawsze pamiętali, że seniorzy to skarbnica życiowych doświadczeń. Mawiał: *„starość może być niełaskawa"* i sam przy tym z godnością zmagał się z cierpieniem, nigdy go nie ukrywając i traktując je jako część życia.

Karol Wojtyła, Papież Jan Paweł II odszedł do wieczności 2 kwietnia 2005 roku...

Za swoją niezwykłą posługę oraz wierność i miłość do Boga i bliźniego najpierw został beatyfikowany (1 maja 2011 r.), a następnie kanonizowany (27 kwietnia 2014 r.). Był człowiekiem (i w naszych myślach nadal jest) nietuzinkowym, niosącym miłość, zgodę i wiarę, która nigdy go nie opuszczała, nawet w najtrudniejszych momentach życia. Twierdził, że *„każdy z nas ma jakieś powołanie i życiowe zadanie"*. On swoje doskonale znał i wypełniał. Swoją siłę czerpał przy tym z równowagi pomiędzy kontemplacją a życiem aktywnym – i potrafił się nią dzielić z innymi.

Papież dawał ludziom siłę do działania!
Miał odwagę zmieniać świat!
Miał odwagę kochać!
I za to Mu dziękujemy...

OD MENTORA...

Zajmując się rozważaniami Ojca Świętego Jana Pawła II, należy odnieść się do słów jego wielkiego przyjaciela, mentora i duchowego przewodnika, jakim był Stefan Wyszyński, Prymasa Tysiąclecia.

Był to wyjątkowy człowiek, który przez całe życie głośno i odważnie manifestował swoją wiarę – i to w czasach, gdy ta była prześladowana. Zmarł jednak cicho, w dzień uroczystości Wniebowstąpienia Pańskiego – 28 maja 1981 roku. Była godzina 4.40. Swoje cierpienie i chorobę ofiarował, jak sam powiedział, za Jana Pawła II, leżącego wówczas w szpitalu po zamachu na jego życie. Ofiarował je za Kościół święty i za rodziny. Tej ostatniej sprawie wiele uwagi poświęcał w czasie swojego prymasowskiego posługiwania. W związku z tym, że niniejsza książka porusza właśnie temat rodziny, warto zapoznać się także z poglądami na to zagadnienie Prymasa Tysiąclecia.

„Słyniemy z tego, że jesteśmy patriotami. To prawda. Ale może za wiele wymagań stawiamy Ojczyźnie, Narodowi, a za mało sobie. A przecież pokój w Narodzie płynie z pokoju domowego. Tak często dziś mówi się o umacnianiu pokoju. Umacnia się pokój w sercach i umysłach opanowanych łaską i żywą wiarą. Jeżeli jest on w sercu, w myśli ludzkiej, na pewno utrzyma się w rodzinie. Jeśli utrzyma się w każdej

rodzinie, wówczas zapanuje w granicach naszej Ojczyzny. Innej drogi do umocnienia i zachowania pokoju nie ma!".

(Jasna Góra, 15 sierpnia 1977 r.)

„Z ładem serca każdego rodaka musi się łączyć ład rodziny, bo w rodzinie buduje się porządek społeczny. Tam powstaje organizm narodowy, gdyż naród składa się z rodzin. Dlatego też rodzina, jej prawa, bezpieczeństwo i pokój muszą stać na czele wszystkich zadań życia społecznego i publicznego. Tylko tak rodzi się ład moralno-społeczny, na czele którego stoi zasada: trzeba wszystko czynić, aby przedstawiciele rodzin mieli odpowiednie warunki bytowania, aby mogli zabezpieczyć życie swoich rodzin przed wyzyskiem, niedostatkiem, nędzą i sponiewieraniem, przed poświęceniem potrzeb i zadań życia rodzinnego innym celom, zwłaszcza gospodarczym i politycznym".

(Skałka w Krakowie, 8 maja 1978 r.)

„Mamy mieć świadomość rodzinności nie tylko w naszym domu, gdzie żyje ojciec, matka i dzieci. To jest rodzina niewątpliwie, to najbardziej podstawowa komórka życia społecznego. Bez rodziny nie ma narodu, tak jak bez narodu trudno sobie wyobrazić zdrowe, porządne państwo. W rodzinie rodzi się naród i wychowuje się poczucie ładu społecznego".

(Jasna Góra, 3 czerwca 1978 r.)

„To jest twój posag: Ty sama i twoje serce. Jesteś darem. To, co wniesiesz, będzie takie, jaka Ty jesteś: czyste i nieskazitelne lub zbrukane. (…) Jeśli wejdziesz w życie narzeczeńskie czysta, twoje małżeństwo będzie czyste. (…) Jeśli wejdziesz zbrukana, wszystko będzie zbrukane. Dobrze wiesz, jak bardzo potrzebne jest rodzinie twoje miłujące serce. Ale tylko czyste serce jest zdolne do prawdziwej miłości. I dobrze wiesz również, że aby zachować i ustrzec czystość, trzeba ją uważać za skarb i czuwać, by go nie stracić przez nieuwagę, lekkomyślność czy nieostrożne potknięcie. Jak naprawić drogocenny kryształ, gdy upadnie na bruk i roztłucze się w drobne kawałki? Jak naprawić kryształ twego serca i ciała? Skazy

zostaną, a szkoda, bo kryształ straci wtedy swą cenę. I dlatego trzeba wysiłku, ostrożności i dużej czujności, aby ustrzec swoje serce, zachować czystość i godność".

(list do polskich dziewcząt z Jasnej Góry, 27 lipca 1958 r.)

„Wybór małżonka nie może być skutkiem kaprysu, chwilowej zachcianki, upodobania, przelotnego uczucia. Wybór musi być staranny, gdyż od tego zależy, czy przyszłe małżeństwo będzie szczęśliwe, czy też nie. (…) Małżeństwo nie jest tylko sprawą serca, uczucia – jest ono w wielkiej mierze sprawą rozumu. W wyborze małżonka niemałą rolę odegrać powinien wzgląd na prawa Boga i dobro naszej wiary chrześcijańskiej. Pytać należy o to, czy osoba wybrana kocha Boga i czy szanuje prawa Kościoła. Bo od tego zależy, czy uszanuje prawo małżonka. Kto nie jest wierny Bogu, zazwyczaj nie dochowa wiary małżonkowi. Nadto, należy też brać pod uwagę dobro swoje i dobro drugiego z narzeczonych; ludzie bowiem, dobrzy sami w sobie, mogą nie być dobrzy dla siebie, zwłaszcza gdy dzielą ich różnice usposobień, środowiska i wychowanie".

(przygotowanie się do małżeństwa, 1946 r.)

„Już Chrystus Pan mówił o tym, co ma łączyć męża i żonę. Ma ich łączyć miłość i to miłość taka, jaką ma Chrystus ku Kościołowi. (…) jest [ona] obustronnym waszym obowiązkiem. Nie tylko żona ma miłować męża: mąż ma miłować żonę. Oboje macie serca i serca obojga muszą być wzajemnie sobie oddane. Uświęcacie się więc naprzód oboje i udoskonalacie przez wzajemną miłość ku sobie. Zapewne, miłość ta jest mocniejsza, gdy jesteście młodzi, bo wtedy i zalety ciała wam pomagają. Ale przyjdzie dzień, gdy życie wpisze na waszych obliczach swoje bruzdy i ciężkie ślady. Może zabraknie motywów, które skłaniały was kiedyś do wzajemnego przywiązania. Wówczas, najmilsze dzieci, przychodzą inne motywy. Rodzi się obowiązek wzajemnego współżycia – wierność. (…) Wzajemne współżycie obowiązuje i wtedy, kiedy zalety ciała już nie pociągają; zalety duszy i jej charakter chrześcijański muszą was wzajemnie przy sobie utrzymać".

(kazanie do małżonków katolickich, Gniezno, 15 sierpnia 1957 r.)

Od Mentora

„Nigdy jednak, Najmilsi, nie oczekujcie pomocy od drugiej strony, lecz zawsze sami spieszcie z pomocą: mąż żonie, żona mężowi. Tak wytworzy się właściwy, prawdziwie ludzki, wzajemny stosunek między Wami.

Nigdy też nie oczekujcie za wiele od drugiej strony, nie wymagajcie więcej aniżeli od siebie. Zawsze naprzód od siebie więcej wymagajcie. Nie można tak ustawiać sprawy, aby tylko drugiej stronie stawiać wymagania, a siebie zwalniać od wszystkiego. Dopiero wtedy będzie między Wami prawdziwa miłość, prawdziwa służba i prawdziwa gotowość do ofiar, gdy każde z Was będzie myślało o tym, co potrzebne jest drugiej stronie, a nie sobie. Dopiero wówczas zapanuje między Wami doskonała równowaga i harmonia. Nigdy też nie spieszcie się z czynieniem sobie uwag czy wymówek. Naprzód lepiej rozpatrzeć, „czy we mnie jest wszystko w porządku, czy wszystko czynię, co do mnie należy". Dopiero wtedy, gdy ocena naszego postępowania będzie pozytywna, mamy prawo oczekiwać dobra i od drugiej strony".

(podczas ślubu Haliny i Stefana Jurkiewiczów, Warszawa, 6 kwietnia 1975 r.)

Od Mentora

„*Wzajemne współżycie obowiązuje i wtedy, kiedy zalety ciała już nie pociągają; zalety duszy i jej charakter chrześcijański muszą Was wzajemnie przy sobie utrzymać.*
Przez wzajemny szacunek... Szacunek dla siebie! (...)
Przez wzajemną cierpliwość... A dalej – cierpliwość wobec siebie! Jest ona znamieniem ludzi dojrzałych, doskonałych. Cierpliwość jest znakiem wyrozumienia wzajemnego i zrozumienia życia. (...)
Przez rodzenie dzieci... A oto inny środek uświęcenia, dla matek, który tak mocno podkreśla Apostoł: niewiasta uświęcona będzie przez rodzenie dziatek [por. 1Tm 2,15]. O tak, bo to jest wielka męka, ofiara i trud. To jest ból tak ogromny, że ludzie chcą się z nim rozprawić, aby ulżyć kobiecie w wypełnieniu obowiązku macierzyńskiego. Cierpienie to ma ogromne znaczenie. Ono Ciebie, Droga Matko, oczyszcza i stawia w obliczu Boga. Przypomina Ci, że to Bóg jest tym, który w Tobie działa, kształtując nowe życie, dziecię swoje, aby przyszło na świat. Cierpienie, którego tak ludzie nie lubią, jest koniecznym elementem naszego osobistego udoskonalenia i uświęcenia".

(kazanie do rodziców katolickich,
Frombork, 15 sierpnia 1961 r.)

„*Małżonkowie tak często tłumaczą się, że nie czują już do siebie takiego upodobania, jak na początku swej wspólnej drogi. Prawdopodobnie zawiodła tutaj pedagogika miłości. Zapomnieli, że mają obowiązek obejmować miłością całe życie drugiego człowieka i całemu jego życiu się oddać. I to wzajemnie: żona oddaje się całemu życiu męża, mąż – całemu życiu żony. Małżeństwo jest wzajemną pomocą. Poucza nas o tym nauka Kościoła. Tak przecież zaczęło się w raju, gdy sam Bóg – jak nam to w prostych słowach wyjaśnia Księga Rodzaju – dostrzegł, że niedobrze jest być człowiekowi samemu i potrzeba mu pomocy*".

(podczas ślubu Haliny i Stefana Jurkiewiczów,
Warszawa, 6 kwietnia 1975 r.)

„Niesłychanie doniosłą dziedziną, w której trzeba wielu ofiar i wyrzeczeń, jest życie rodzinne. Nie myślcie, Dzieci Boże, że spełnienie obowiązków małżeńskich może być wolne od ofiar i krzyża. Potrzeba wielkiego poświęcenia i wielu wyrzeczeń.

Wy, Ojcowie, musicie pamiętać, że żyjecie nie dla siebie, lecz dla swojej rodziny, dla żony i dzieci. Wasze zdolności, talenty i umiejętności, owoce waszej pracy zawodowej – nie są waszą własnością, lecz własnością waszej rodziny. Podobnie praca żony".

(Niepokalanów, 9 kwietnia 1972 r.)

„Trzeba nauczyć dziecię szlachetnego sposobu życia, przygotować je do życia. Nie wystarczy rzucić je w świat i powiedzieć: radź sobie! Nie, rodzice, wasz obowiązek i odpowiedzialność za dzieci trwa długie lata. Do was należy tak uformować i ukształtować dziecię, tak je przyzwyczaić do praktycznego życia, by już łatwo umiało sobie poradzić ze sobą, gdy będzie samodzielne. By tak wielkie posłannictwo, tak podniosłe zadanie wypełnić, trzeba jednego: uświęcenia obojga małżonków. Nie wystarczy, że powiązani przez sakrament małżeństwa żyjecie obok siebie. Musicie teraz oddziaływać na siebie jako ochrzczeni w Kościele Chrystusowym i zjednoczeni przez sakrament małżeństwa. Wychowujecie nie tylko swoje dzieci, wychowujecie wzajemnie siebie. I pod tym względem nie ma różnicy między obowiązkami ojca i matki, małżonka czy też małżonki. (...) Obowiązki są równe, choć różne i męża, i żony. I wysiłek musi być wspólny, aby się wzajemnie uświęcać. Nie można dopuścić, by żona była aniołem, a mąż szatanem; by żonę obowiązywało Dziesięcioro Przykazań, a męża nie; by żona musiała być trzeźwa, a mąż mógł być nietrzeźwy; by żona musiała być wierna, a mąż – jak się zdarzy. To są wszystko przesądy! Obowiązki są równe w obliczu Boga, bo Bóg jest Ojcem i męża, i żony. On ustanowił przykazania dla jednej i dla drugiej strony".

(kazanie do małżonków katolickich, Gniezno, 15 sierpnia 1957 r.)

Od Mentora

„Człowiek współczesny, na skutek wszechpotęgi stylu życia technicznego, czuje się zagubiony. Technicyzm bierze górę. Młodzież jest urzeczona rozwojem i potęgą techniki, odpowiada jej to bardzo. Częściej ma ona kontakt z aparatem, narzędziem, niż z człowiekiem, osobą. Są ludzie, którzy całe godziny spędzają w kontakcie bezpośrednim z aparatem, narzędziem, maszyną czy kombinatem maszyn. Maszyna wciąga człowieka całkowicie, wymaga jego absolutnej uwagi. I biada, gdyby tej uwagi nie dostarczył. Mógłby się wtedy zupełnie zgubić, nie tylko psychicznie, ale i fizycznie".

(do diecezjalnych referentów duszpasterstwa młodzieży męskiej, Warszawa, 14 kwietnia 1971 r.)

„By pomóc młodzieży, trzeba przede wszystkim nie dawać jej zgorszenia w ognisku rodzinnym. Przecież dzieci i młodzież, idąc w życie, wynoszą najwięcej z domu – zarówno dobra jak zła. (...)
By pomóc młodzieży, trzeba ją otoczyć opieką w jej życiu pozadomowym – w szkole, w pracy, w środowisku towarzyskim. Nie można być obojętnym na to, co dzieje się z młodzieżą w szkole i na ulicy, czy na to, jak wygląda jej religijność i obyczajność. (...)
By pomóc młodzieży, trzeba starać się ją zrozumieć, doceniając jej dążenia i głody. Nie bądźmy pobłażliwi, bądźmy krytyczni. Ale też i nie przesadzajmy w wydawaniu surowych sądów. Zamiast czarnych plam, chciejmy rzucić snop światła na młode porywy. (...)
Pamiętajmy również, że młode pokolenie łaknie nie tylko chleba i dobrobytu, ale Boga, świateł Ewangelii, wzoru, który porywałby do naśladowania. Chciejmy stworzyć młodemu pokoleniu sposobność do działania i czynienia dobrze. Niech w każdym człowieku dostrzegą brata. Niech uczą się mu pomagać i służyć. Niech nikogo nie gorszą i nie poniżają. Niech kształcą w sobie zmysł sprawiedliwości i pokoju. (...) Niech uczą się sumienności i bezinteresownej pracowitości. (...)
Nie lękajcie się Chrystusa, Waszego Pomocnika! Przywołujcie i wyznawajcie Go odważnie, ukazując Go Waszej dziatwie i młodzieży! Dla nadchodzących pokoleń Jezus Chrystus nadal jest

fot. Janusz Gojke

"światłością świata". On wczoraj, dziś i jutro – zawsze ten sam! (...) oddajcie ich w niezawodne dłonie Najlepszej Matki Chrystusowej i naszej, Matki Kościoła, Maryi, która wykarmiła i wychowała świata Zbawienie. (...) Przecież w Jej światłach wychował się najpiękniejszy wzór naszych czasów – błogosławiony Maksymilian Maria Kolbe, który umiał oddać swoje życie w obronie brata".

(do rodziców, wychowawców i starszego społeczeństwa,
Warszawa, Popielec 1972 r.)

"Ludzie mówią – "czas to pieniądz". Ja mówię inaczej – "czas to miłość". Pieniądz jest znikomy, a miłość trwa". Całe nasze życie tyle jest warte, ile jest w nim miłości".

(Jasna Góra, 15 sierpnia 1979 r.)

"Tylko orły szybują nad graniami i nie lękają się przepaści, wichrów i burz. Musicie mieć w sobie coś z orłów! – serce orle i wzrok orli ku przyszłości. Musicie ducha hartować i wznosić, aby móc jak orły

przelatywać nad graniami w przyszłość naszej Ojczyzny. Będziecie wtedy mogli jak orły przebić się przez wszystkie dziejowe przełomy, wichry i burze, nie dając się spętać żadną niewolą.

Pamiętajcie – orły to wolne ptaki, bo szybują wysoko".

(Gniezno, 1966 r.)

Na koniec chciałabym odwołać się do jeszcze jednej wypowiedzi Prymasa, Stefana Wyszyńskiego:

„Umiemy wyliczyć winy innych ludzi wobec nas, ale naszych win wobec innych na ogół nie widzimy. O belce we własnym oku będziemy mówili potem lub nigdy. Najpierw wolimy zająć się pyłkiem w oku bliźniego".

Te słowa, niestety, doskonale oddają ducha naszych czasów, powszechne zdziczenie i panoszący się egoizm. Dlatego mam do Was prośbę, Kochani: lubcie się trochę bardziej! Rozmawiajcie ze sobą, otaczajcie się troską, dążcie do zrozumienia i kompromisu. Pamiętajcie, na kryzys cywilizacji trzeba odpowiedzieć cywilizacją miłości! A wtedy na pewno świat będzie lepszy...

ECCE HOMO... (OTO CZŁOWIEK)

Na kryzys cywilizacji trzeba odpowiedzieć cywilizacją miłości.

św. Jan Paweł II
(list apostolski Tertio millennio adveniente, 1994)

Na początku naszych rozważań o cywilizacji miłości należy zwrócić uwagę na człowieka i istotę człowieczeństwa. W liście apostolskim *Mulieris Dignitatem* Ojciec Święty napisał bowiem, że:

„człowiek jest szczytem całego porządku stworzenia w świecie widzialnym".

Podkreślał jego wyjątkowość, twierdząc, że:

„życie, którym Bóg obdarza człowieka, jest czymś więcej niż tylko istnieniem w czasie. Jest dążeniem ku pełni życia; jest zalążkiem istnienia, które przekracza granice czasu: «bo dla nieśmiertelności Bóg stworzył człowieka – uczynił go obrazem swej własnej wieczności» (Mdr 2, 23)".

(Evangelium Vitae, 34)

Z kolei w encyklice *Redemptor hominis* wyraził zdanie, że o ile Bóg jest miłością, o tyle człowiek jest owocem tej miłości. Owocem stworzonym na obraz i podobieństwo Najwyższego. Wyraźnie też wskazał, że żaden człowiek nie może żyć bez miłości.

„Człowiek pozostaje dla siebie istotą niezrozumiałą, jego życie jest pozbawione sensu, jeśli nie objawi mu się Miłość, jeśli nie spotka się z Miłością, jeśli jej nie dotknie i nie uczyni w jakiś sposób swoją, jeśli nie znajdzie w niej żywego uczestnictwa. I dlatego właśnie Chrystus-Odkupiciel, jak to już zostało powiedziane, „objawia w pełni człowieka samemu człowiekowi". To jest ów – jeśli tak wolno się wyrazić – ludzki wymiar Tajemnicy Odkupienia. Człowiek odnajduje w nim swoją właściwą wielkość, godność i wartość swego człowieczeństwa".

(Redemptor hominis)

Przyjrzyjmy się zatem bliżej istocie człowieczeństwa w rozumieniu Jana Pawła II.

Zgodnie z papieskim nauczaniem człowiek jest osobą, czyli bytem wolnym, samoświadomym, autonomicznym, a także zdolnym do kierowania swoim życiem oraz do tworzenia siebie, co wyraża się przede wszystkim w jego zdolności samopoznania i samoposiadania.

„Człowiek urzeczywistnia siebie samego poprzez swoją inteligencję i swoją wolność, i dokonując tego, traktuje je jako przedmiot i narzędzie rzeczy tego świata i sobie je przywłaszcza".

(Centesimus annus)

Jest też bytem dynamicznym, który się rozwija i tworzy siebie poprzez świadome i wolne działania – czyny.

„W doświadczeniu tym człowiek ujawnia się jako osoba, czyli zupełnie swoista struktura samo-posiadania i samo-panowania. Jako ta swoista struktura człowiek się ujawnia w działaniu i poprzez działanie, w czynie i poprzez czyn. Toteż osoba i czyn stanowią głęboko spójną rzeczywistość dynamiczną, w której osoba ujawnia się i tłumaczy poprzez czyn, a czyn poprzez osobę".

Dzięki temu człowiek może siebie posiadać, kształtować i panować nad sobą, przejmując jednocześnie odpowiedzialność za całe swoje życie. I dążyć do doskonałości.

A czym jest doskonałość? Zgodnie z myślą Arystotelesa powieloną przez św. Tomasza z Akwinu, doskonałym można nazwać to, co jest wykończone, do czego nie ma potrzeby już niczego dodawać. A jak to się będzie odnosiło do człowieka? Przecież z założenia powinien być istotą doskonałą, bo stworzoną na obraz i podobieństwo Boga. Nie do końca.

Człowiek stanowi jedność i całość złożoną z wielu różnych elementów ściśle ze sobą powiązanych, głównie z ciała i ducha. O ile dusza jest pierwiastkiem boskości w człowieku, o tyle jego ciało bywa słabe i grzeszne. Dlatego, gdy mówimy o doskonałości ludzkiej, mamy na myśli dążenie do niej w aspekcie moralnym i duchowym – co ciekawe, istotą obu wymiarów jest miłość.

"Ta miłość, której Paweł Apostoł poświęcił słowa swego hymnu z Pierwszego Listu do Koryntian – ta, która jest „cierpliwa" i „łaskawa", ta, która „wszystko przetrzyma" (13,4-7), jest z pewnością wymagająca. Piękno jej właśnie na tym polega, że jest wymagająca i w ten sposób kształtuje prawdziwe dobro człowieka oraz promieniuje prawdziwym dobrem. (...) Miłość jest prawdziwa wówczas, gdy tworzy dobro osób i wspólnot, gdy tym dobrem obdarowywuje drugich. Tylko zaś człowiek, który umie wymagać od siebie samego w imię miłości, może także wymagać miłości od drugich. (...)

Hymn o miłości z Pierwszego Listu do Koryntian pozostaje wielką kartą cywilizacji miłości. Chodzi w nim (...) przede wszystkim o zaakceptowanie definicji człowieka jako osoby, która „urzeczywistnia się" przez bezinteresowny dar z siebie samej. Dar jest – oczywiście – darem dla drugiego, „dla innych": jest to najważniejszy wymiar cywilizacji miłości".

(list do rodzin Gratissimam Sane)

Ta właśnie wymagająca miłość stanowi podstawę dążenia człowieka do doskonałości w wymiarze duchowym.

Dochodzić do doskonałości „znaczy własnym wysiłkiem budować w sobie tę doskonałość" poprzez podejmowanie konkretnych czynów zgodnie z określonym porządkiem moralnym.

"Właśnie poprzez swoje czyny człowiek doskonali się jako człowiek powołany do tego, żeby z własnej woli poszukiwał swego Stwórcy i by trwając przy Nim, dochodził w sposób wolny i pełny do błogosławionej doskonałości".

(Veritatis Splendor)

Nie wystarczy zatem sama tylko dobra intencja, ale musi za nią iść prawidłowy wybór owych czynów. Zdaniem Papieża także praca człowieka stanowi dla niego narzędzie doskonalenia siebie. W ten sposób, oczywiście między innymi, świeccy aktywnie włączają się w doskonalenie kultury jako istotnego wymiaru dobra wspólnego, gdyż to właśnie wspólne dobro warunkuje możliwość osiągania własnej doskonałości.

Ojciec Święty wyraził również przekonanie, że dążenie do doskonałości to przejaw wolności, która „jest w człowieku szczególnym znakiem obrazu Bożego" (*Veriratis Splendor*). Tkwi jakby w samej naturze człowieka – jest z jednej strony właściwością jego woli, ale z drugiej stanowi też konstytutywną właściwość całego osobowego podmiotu, jakim jest człowiek. Ten aspekt ujęcia wolności przez Jana Pawła II badał m.in. Piotr Kupczak z KUL-u, który w swojej pracy *Wolność osoby ludzkiej według Karola Wojtyły – Jana Pawła II* wskazuje, że dzięki wolności człowiek „może realizować się w sposób odpowiadający jego naturze", z czego wynika, że nie tylko osoba, ale i całe człowieczeństwo afirmuje się, wyraża i spełnia tylko dzięki wolności. Jan Paweł II był bowiem zdania, że zgodnie z ewangeliczną prawdą o wolności.

„Osoba pojawia się przez wolność w prawdzie. Nie można rozumieć wolności jako swobody czynienia czegokolwiek. Wolność oznacza nie tylko dar z siebie, ale oznacza też wewnętrzną dyscyplinę daru. W pojęcie daru wpisana jest nie tylko dowolna inicjatywa podmiotu, ale też wymiar powinności".

(list do rodzin Gratissimam Sane, 1994)

Papież jeszcze jako profesor KUL w swojej pracy *Osoba i czyn* (1969) określił wolność jako samopanowanie i samostanowienie człowieka. Zagadnienie wolności ściśle przy tym łączył z fenomenem osoby ludzkiej, który jest niejako kluczem jego antropologii.

„Człowiek bowiem staje się naprawdę sobą poprzez wolny dar z siebie samego..." (*Centesimus annus*). Człowieka stanowi zatem osoba, która jest najwyższą postacią jego natury oraz człowieczeństwa. Osoba jest bytem samodzielnym, odrębnym w ludzkiej naturze, rozumnym i wolnym, istniejącym dla siebie, obiektywnie najdoskonalszym w świecie stworzonym. Posiada życie duchowe, ale jednocześnie zakorzeniona jest w całej rzeczywistości stworzenia. Konkretny człowiek wyraża się bowiem w życiu rozumnym, a przede wszystkim wolnym. To bowiem wola, czyli wolność, samostanowienie, zależność od własnego „ja", decyduje o najwyższym aspekcie osoby, jakim jest moralność.

Dlaczego moralność jest tak istotna, według Jana Pawła II? Otóż, jego zdaniem, w człowieku:

„*wiele elementów zwalcza się nawzajem. Będąc bowiem stworzeniem, doświadcza on z jednej strony wielorakich ograniczeń, z drugiej strony czuje się nieograniczony w swoich pragnieniach i powołany do wyższego życia. Przyciągany wielu ponętami, musi wciąż wybierać między nimi i wyrzekać się niektórych. Co więcej, będąc słabym i grzesznym, nierzadko czyni to, czego nie chce, nie zaś to, co chciałby czynić. Stąd cierpi rozdarcie w samym sobie, z czego z kolei tyle i tak wielkich rozdźwięków rodzi się w społeczeństwie*" *(Redemptor hominis)*.

Ponadto niebezpieczne z punktu widzenia wolności człowieka jest również egoistyczne, indywidualistyczne dążenie do utylitaryzmu, czyli intensywnego poszukiwania maksymalnego szczęścia. Zdaniem Papieża, bywa ono:

„*pojmowane tylko jako przyjemność, jako doraźne zaspokojenie, które „uszczęśliwia" poszczególne jednostki bez względu na obiektywne wymagania prawdziwego dobra. Cały ten program utylitaryzmu, związany z indywidualistycznie zaprogramowaną wolnością – wolnością bez odpowiedzialności – jest antytezą miłości, również jako wyrazu ludzkiej cywilizacji, jej całościowego i spójnego kształtu. O ile takie pojęcie wolności natrafia w społeczeństwie na podatny grunt, można się obawiać, iż sprzymierzając się łatwo z każdą ludzką słabością, stanowi ono systematyczne i permanentne zagrożenie dla rodziny*".

(list do rodzin Gratissimam Sane, 1994)

Świadomość owej słabości człowieka to jednak nie wszystko, co zdaniem Ojca Świętego może zagrażać człowiekowi w wymiarze duchowym, gdyż także

„*Rozwój techniki oraz naznaczony panowaniem techniki rozwój cywilizacji współczesnej domaga się proporcjonalnego rozwoju moralności i etyki. Tymczasem ten drugi zdaje się, niestety, wciąż pozostawać w tyle. I stąd też ów skądinąd zdumiewający postęp, w którym trudno nie dostrzegać również tych rzeczywistych znamion wielkości człowieka, jakie w swych twórczych zalążkach objawiły się na kartach Księgi Rodzaju już w opisie jego stworzenia (por. Rdz 1-2), musi rodzić wielorakie niepokoje. Niepokój zaś dotyczy zasadniczej i podstawowej sprawy: czy ów postęp, którego autorem i sprawcą jest człowiek, czyni życie ludzkie na ziemi pod każdym względem „bardziej ludzkim", bardziej „godnym człowieka"? Nie można żywić wątpliwości, że pod wielu względami czyni je takim. Pytanie jednak, które uporczywie powraca, dotyczy tego co najistotniejsze: czy człowiek jako człowiek w kontekście tego postępu staje się lepszy, duchowo dojrzalszy, bardziej świadomy godności swego człowieczeństwa, bardziej odpowiedzialny, bardziej otwarty na drugich, zwłaszcza dla potrzebujących, dla słabszych, bardziej gotowy świadczyć i nieść pomoc wszystkim?".*

(Redemptor hominis)

Dlaczego tak istotne jest poszukiwanie Boga w życiu? Ojciec Święty tłumaczy to tak:

„Człowiek, który chce zrozumieć siebie do końca – nie wedle jakichś tylko doraźnych, częściowych, czasem powierzchownych, a nawet pozornych kryteriów i miar swojej własnej istoty – musi ze swoim niepokojem, niepewnością, a także słabością i grzesznością, ze swoim życiem i śmiercią, przybliżyć się do Chrystusa. Musi niejako w Niego wejść z sobą samym, musi sobie „przyswoić", zasymilować całą rzeczywistość Wcielenia i Odkupienia, aby siebie odnaleźć. Jeśli dokona się w człowieku ów dogłębny proces, wówczas owocuje on nie tylko uwielbieniem Boga, ale także głębokim zdumieniem nad sobą samym".

(Redemptor hominis)

Słowa Papieża znajdują swoje potwierdzenie w Piśmie Świętym, które jest wielkim zapisem owego szukania i znajdowania Stwórcy. Jednym z nich jest czystość serca, do czego Jan Paweł II odwoływał się wielokrotnie podczas swoich wystąpień.

Co mówił o czystości serca Ojciec Święty?

„Mieć serce czyste to być nowym człowiekiem, przywróconym przez odkupieńczą miłość Chrystusa do życia w komunii z Bogiem i z całym stworzeniem – tej komunii, która jest jego pierwotnym przeznaczeniem".

"[W ten sposób] czystość serca jest [każdemu] człowiekowi zadana. Musi on stale podejmować trud opierania się siłom zła, tym działającym z zewnątrz i tym z wewnątrz – [siłom], które chcą go od Boga oderwać. I tak w sercu ludzkim rozgrywa się nieustanna walka o prawdę i szczęście. Aby zwyciężyć w tej walce człowiek musi się zwrócić ku Chrystusowi".

"Głoście światu «dobrą nowinę» o czystości serca i przekazujcie mu swoim przykładem życia orędzie cywilizacji miłości".

"Nie lękajcie się żyć wbrew obiegowym opiniom i sprzecznym z Bożym prawem propozycjom. Odwaga wiary wiele kosztuje, ale wy nie możecie przegrać miłości! Nie dajcie się zniewolić! Nie dajcie się uwieść ułudom szczęścia, za które musielibyście zapłacić zbyt wielką cenę, cenę nieuleczalnych często zranień lub nawet złamanego życia [własnego i cudzego]!"

"Tylko czyste serce może w pełni kochać Boga! Tylko czyste serce może w pełni dokonać wielkiego dzieła miłości, jakim jest małżeństwo! Tylko czyste serce może w pełni służyć drugiemu. Nie pozwólcie, aby zniszczono waszą przyszłość. Nie pozwólcie odebrać sobie bogactwa miłości. Brońcie waszą wierność; wierność waszych przyszłych rodzin, które założycie w miłości Chrystusa".

(Asunción, 18.05.1988)[6]

---

[6] Cytaty na temat czystości serca zostały zaczerpnięte ze stron: http://www.mateusz.pl/jp99/pp/1999/pp199906 12a.htm oraz https://www.fronda.pl/ blogi/o-wierze-modlitwie-zyciu/jan-pawel-ii-o-czystosci-serca,23492.html, dostęp: 15.09.2021 r.

Czystość serca związana, w rozumieniu papieża, z wiarą i miłością pozwala również we właściwy sposób człowieka pojmować i oceniać.

„Człowieka trzeba mierzyć miarą serca. Sercem! (...) Człowieka trzeba mierzyć miarą sumienia, miarą ducha, który jest otwarty ku Bogu. Trzeba więc człowieka mierzyć miarą Ducha Świętego".

(przemówienie do młodzieży akademickiej, 1979)

Duchowość i wartości duchowe stanowiły dla Ojca Świętego bardzo ważny aspekt jego wszystkich pism i wystąpień, gdyż uważał, że są one wrodzoną potrzebą każdego człowieka. To one wyróżniają człowieka spośród innych stworzeń. Zrezygnowanie z ich poszukiwania i respektowania traktował jako źródło i przejaw osobowej destrukcji człowieka. Za przeszkody stojące na drodze do otwarcia się ludzi na wartości duchowe Jan Paweł II uważał nie tylko dobra materialne, ale także niektóre uwarunkowania społeczne i kulturowe naszych czasów (*Novo millennio ineunte*).

Ks. Marek Chmielewski w swoim studium *Duchowość według Jana Pawła II* zwraca uwagę na fakt, że współczesne rozumienie pojęcia duchowości różni się od tego, który prezentował Ojciec Święty. Termin ten wszedł do powszechnego użycia jako określenie stosowane wobec wszelkich stanów psychiczno-emocjonalnych, często nazywanych wyższymi – mogą być one utożsamiane albo ze stanami „odmiennej świadomości" (W. James), albo ze „szczytującymi stanami świadomości" (A. Maslow). Według Amerykańskiego Stowarzyszenia Psychologicznego duchowość uznaje się za jedną z pięciu dziedzin *wellbeing*, która zajmuje się dobrym samopoczuciem człowieka. Nie jest to zatem ujęcie pojmowane i upowszechniane przez Papieża.

Jan Paweł II dowodził bowiem, że istoty duchowości należy upatrywać w prawdziwości, czyli przyporządkowaniu do prawdy. Odsłania się więc ona nie tylko myśleniu czy świadomości, ale także w ludzkim działaniu, które stanowi przy tym ważny wymiar pracy. Wszystkim przejawom duchowości ludzkiej powinna zatem odpowiadać realna immanencja ducha, pojmowana jako pierwiastek duchowy w człowieku.

Na duchowy pierwiastek w człowieku (jako osobie) w dostrzegalny sposób składa się wyrażające się w świadomości przeświadczenie, że

„człowiek działa" i że „coś się dzieje w człowieku" lub „coś się dzieje z człowiekiem". Jakże piękne i mądre słowa ks. Marka Chmielewskiego.

Dlatego Papież mówił o duchowości w powiązaniu nie tylko z miłością czy wolnością, ale także z kulturą, respektowaniem godności osoby ludzkiej i praw człowieka, koniecznością poprawy warunków socjalnych, czy troską o pokój na świecie.

Przywiązywał też wielką wagę do milczenia jako właściwego klimatu kontemplacji i jednocześnie podstawy do odpowiedniego rozwoju życia duchowego.

W liście *Salvifici doloris* pisał, że cierpienie „jest również wezwaniem do ujawnienia moralnej wielkości człowieka, jego duchowej dojrzałości". We właściwie przeżywanym cierpieniu potwierdza się bowiem, zdaniem Jana Pawła II, wielka godność osoby ludzkiej – to ona sprawia, że staje się on całkowicie nowym człowiekiem i znajduje nową miarę całego swojego życia i powołania. A zatem jest on niejako zobowiązany do osiągania wewnętrznej dojrzałości, pojmowanej jako dojrzałość ludzka oraz wieloaspektowa dojrzałość duchowa. Charakterystyczne bowiem dla Papieża było odnoszenie się w kontekście dojrzałości zarówno do płaszczyzny ludzkiej (osobowej), jak i duchowej, gdyż, jego zdaniem, z jednej strony dojrzałość ludzka jest warunkiem *sine qua non* dojrzałości duchowej, a z drugiej dojrzałość duchowa dopełnia dojrzałość osobową.

Człowieka, zdaniem Ojca Świętego, należy postrzegać także jako istotę wspólnotową, mimo że każdy jest także indywidualną osobą. Jak bowiem powiedział Jan Paweł II:

„Każdy człowiek w całej tej niepowtarzalnej rzeczywistości bytu i działania, świadomości i woli, sumienia i „serca". Człowiek, który – każdy z osobna (gdyż jest właśnie „osobą") – ma swoją własną historię życia, a nade wszystko swoje własne „dzieje duszy". Człowiek, który zgodnie z wewnętrzną otwartością swego ducha, a zarazem z tylu i tak różnymi potrzebami ciała, swej doczesnej egzystencji, te swoje osobowe dzieje pisze zawsze poprzez rozliczne więzi, kontakty, układy, kręgi społeczne, jakie łączą go z innymi ludźmi – i to począwszy już od pierwszej chwili zaistnienia na ziemi, od chwili poczęcia i narodzin".

(Redemptor hominis)

Człowiek zatem w całej prawdzie swojego istnienia i bycia osobowego oraz „wspólnotowego", „społecznego" jest „pierwszą i podstawową drogą Kościoła", wyznaczoną przez samego Chrystusa i nieodmiennie prowadzącą przez Tajemnice Wcielenia i Odkupienia.

Ks. Arkadiusz Wuwer w swojej pracy *Drogi Kościoła prowadzą do człowieka*, opartej na rozważaniach Ojca Świętego napisał, że we wszystkich sferach życia (społecznego i państwowego) człowiek ma być zawsze celem, a nie środkiem, podmiotem, a nie przedmiotem, punktem wyjścia, a nie przystankiem w drodze do mety. Co więcej, podstawowym kryterium rozstrzygania wszelkiego rodzaju problemów powinien być szacunek dla każdego człowieka oraz dla jego godności. „Nie może bowiem istnieć żadne dobro wspólne czy powszechne, którego podstawą nie byłoby dobro osoby ludzkiej – dobro konkretnego człowieka". Z tymi słowami zgadzał się Jan Paweł II, który twierdził, że:

„Człowiek (...) jest pierwszą i podstawową drogą Kościoła... Dlatego usprawiedliwiona jest troska Kościoła o to, aby życie ludzkie stawało się coraz bardziej ludzkie, aby wszystko, co na to życie się składa, odpowiadało prawdziwej godności człowieka... Sytuacja w świecie współczesnym daleka jest bowiem od wymagań porządku moralnego, sprawiedliwości i miłości społecznej – człowiek coraz bardziej bytuje w lęku".

(Redemptor hominis)

Zasada chrześcijańskiego personalizmu (o czym pisał ks. Wuwer) kładzie nacisk na godność osoby ludzkiej, stanowiąc przy tym także źródło innych zasad. Przypomina ona, że człowiek jako osoba jest podmiotem i ośrodkiem społeczeństwa, czyli znajduje się niejako „przed społeczeństwem". Celem społeczeństwa jest zaś tworzenie za pomocą swoich struktur, organizacji oraz funkcji takich warunków, które pozwolą jak największej liczbie osób rozwijać swoje zdolności oraz zaspokajać pragnienie doskonałości i szczęścia.

„Bóg nie wątpi o człowieku. A więc i my, chrześcijanie, nie możemy zwątpić o człowieku, wiemy bowiem, że człowiek jest zawsze większy niż jego błędy i występki".

(list apostolski z okazji 50-tej rocznicy wybuchu II wojny światowej, 1989)

Z tego właśnie względu Kościół nie może nigdy przestać podkreślać godności osoby, przeciwstawiając się jednocześnie wszelkim formom niewolnictwa, wyzysku czy manipulacji, które mogą być dokonywane na szkodę ludzi – i to nie tylko w dziedzinie polityki czy ekonomii, ale także ideologii, kultury lub medycyny. Życie ludzkie bowiem, według Papieża, musi być coraz bardziej ludzkie i odpowiadać godności człowieka. A Kościół musi o tym pamiętać.

Jest jeszcze jedna bardzo istotna kwestia dotycząca człowieka. W liście apostolskim *Mulieris Dignitatem* Ojciec Święty napisał:

„człowiek jest szczytem całego porządku stworzenia w świecie widzialnym; rodzaj ludzki, który bierze początek w powołaniu do istnienia mężczyzny i kobiety, wieńczy całe dzieło stworzenia; istotami ludzkimi są oboje, w równym stopniu mężczyzna i kobieta, oboje stworzeni na obraz Boga. Ten istotowy dla człowieka obraz-podobieństwo Boże mężczyzny i kobiety jako małżonków i rodziców zostaje przekazany ich potomkom: „Bądźcie płodni i rozmnażajcie się, abyście zaludnili ziemię i uczynili ją sobie poddaną" (Rdz 1,28)".

(Mulieris Dignitatem)

Tymi słowami Jan Paweł II zwrócił uwagę na równość pomiędzy kobietą i mężczyzną oraz na ich wyjątkową rolę w świecie. Stwórca bowiem powierzył „panowanie" nad ziemią rodzajowi ludzkiemu, a zatem wszystkim ludziom – tak mężczyznom, jak i kobietom, którzy swoją godność i powołanie czerpią ze wspólnego „początku".

Zwróćcie uwagę jeszcze na te słowa:

„Człowiek jest osobą, w równej mierze mężczyzna i kobieta, oboje wszakże zostali stworzeni na obraz i podobieństwo Boga osobowego. Upodabnia człowieka do Boga to, że – w odróżnieniu od całego świata stworzeń żyjących, a także istot obdarzonych czuciem zmysłowym (animalia) – człowiek jest ponadto istotą rozumną (animal rationale). Dzięki tej właściwości mężczyzna i kobieta mogą „panować" nad innymi stworzeniami w świecie widzialnym (por. Rdz 1,28)".

(Mulieris Dignitatem)

Co z tego wynika? Otóż, zarówno mężczyzna, jak i kobieta jest osobą, a zatem „jedynym na ziemi stworzeniem, którego Bóg chciał dla niego samego". A skoro Jan Paweł II nie wątpił o wyjątkowości osoby ludzkiej pojmowanej jako kobieta i jako mężczyzna, tym właśnie zagadnieniom przyjrzymy się w dalszej części rozważań o cywilizacji miłości.

KOBIETA

*Kobieta nie może odnaleźć siebie inaczej,
jak tylko obdarowując miłością innych.*

św. Jan Paweł II
(Mulieris Dignitatem)

fot. Beata Izabela Jastrzębska

We wcześniejszych rozważaniach podkreślona została równość pomiędzy osobami ludzkimi – kobietą i mężczyzną. Teraz pójdziemy krok dalej. Zgodnie ze słowami Jana Pawła II, zawartymi w adhortacji apostolskiej *Familiaris Consortio*, kobiety zajmują szczególne miejsce w Kościele Chrystusowym. Papież napisał bowiem, że:

„Stwarzając człowieka mężczyzną i niewiastą, Bóg obdarza godnością osobową w równej mierze mężczyznę i kobietę, ubogacając ich w niezbywalne prawa i odpowiedzialne zadania właściwe osobie ludzkiej. Z kolei Bóg w najwyższym stopniu objawia godność kobiety, gdy On sam przyjmuje ciało ludzkie z Maryi Dziewicy, którą Kościół czci jako Matkę Bożą, nazywając Ją nową Ewą i stawiając jako wzór kobiety odkupionej. Subtelny szacunek Chrystusa dla kobiet, które wezwał do pójścia za sobą i do przyjaźni, Jego ukazanie się po zmartwychwstaniu kobiecie przed innymi uczniami, misja powierzona kobietom, aby zaniosły Apostołom dobrą nowinę o zmartwychwstaniu – to znaki potwierdzające szczególne uznanie Chrystusa Pana dla kobiety".

(Familiaris Consortio)

Kobieta została zatem stworzona dla mężczyzny, a mężczyzna dla kobiety – są dla siebie wzajemnie darem i tak powinni się postrzegać w swoich oczach. W *Teologii małżeństwa* Jan Paweł II pisał, że przyjęcie kobiety przez mężczyznę, sam sposób jej odebrania, staje się jakby pierwszym obdarowaniem – w taki sposób, że dając siebie (od tego pierwszego momentu, kiedy w tajemnicy stworzenia została „dana" mężczyźnie przez Stwórcę), kobieta zarazem „odnajduje siebie" dzięki temu, że zostaje przyjęta, odebrana, i dzięki temu, jak zostaje odebrana przez mężczyznę.

Odnajduje więc siebie w swoim własnym darze („poprzez bezinteresowny dar z siebie") wówczas, gdy zostaje przyjęta tak, jak Stwórca chciał, czyli „dla niej samej", przez jej człowieczeństwo i przez jej kobiecość, gdy w tym przyjęciu zostaje zabezpieczona cała godność daru, sięgająca – przez zawierzenie tego, kim ona jest w całej prawdzie swego człowieczeństwa, w całej oczywistości swego ciała i płci, swej kobiecości – do osobowej głębi i do pełni posiadania siebie samej.

Równa godność kobiety i mężczyzny, nie oznacza tożsamości z mężczyznami, co często podkreślają też same kobiety. W liście przesłanym na IV Światową Konferencję ONZ poświęconą Kobiecie (26 maja 1995 r.) Jan Paweł II napisał, że:

„Taka tożsamość zubożyłaby jedynie kobiety i całe społeczeństwo, zniekształcając lub niszcząc niepowtarzalne bogactwo i wewnętrzną wartość kobiecości. Według wizji Kościoła, mężczyźni i kobiety zostali powołani przez Stwórcę, aby żyć w głębokiej wzajemnej komunii, poznając jedni drugich i składając siebie w darze, działając razem dla wspólnego dobra i uzupełniając się nawzajem dzięki komplementarności cech kobiecych i męskich".

Kobieta została więc dana mężczyźnie jako „odpowiednia dla niego pomoc" (Rdz 2, 18). Papież, komentując to zdanie, pisał:

„kobieta ma «pomagać» mężczyźnie – a zarazem on ma jej pomagać – przede wszystkim w samym «byciu człowiekiem»" (Mulieris Dignitatem). Wyjaśnia przy tym, że stawanie się lub bycie człowiekiem polega na „samoodnalezieniu" się w bezinteresownym darze z samego siebie, co stanowi zarazem istotę prawdziwej miłości. „Uczłowieczanie" więc mężczyzny ze strony kobiety polega na aktualizowaniu w nim zdolności do miłowania, a to dzięki temu, że „kobieta nie może odnaleźć się inaczej, jak tylko obdarowując miłością innych".

(Mulieris Dignitatem)

W *Refleksji nad Listem apostolskim "Mulieris dignitatem"* ks. Marek Chmielewski wskazuje na **medytacyjny charakter duchowości kobiety**. Warto przy tym wspomnieć, że w jego rozumieniu, chrześcijańska medytacja jest formą modlitwy budzącą w ostatnich latach coraz większe zainteresowanie, gdyż w powszechnym ujęciu stanowi przeciwwagę dla niepokojów współczesnej egzystencji i może przynieść człowiekowi uzdrowienie, uwolnić go od codziennych stresów i dać wewnętrzny pokój. Odnosząc to do kobiety, stwierdza, że jedną ze specyficznych cech jej duchowo-religijnej osobowości jest właśnie naturalna zdolność do medytacyjnego bycia względem Boga, człowieka oraz otaczającego ją świata.

Znajduje to swoje odzwierciedlenie w słowach Jana Pawła II o godności i doniosłości powołania kobiety oraz tym, co może je przywracać – a mianowicie w doświadczaniu miłości.

„Chrystus, znający ludzkie wnętrze (Łk 16,15; Dz 1,24), taką postawą wobec kobiet odpowiedział na ich najgłębszą potrzebę spełnienia się w miłości, bowiem „kobieta jest powołana «od początku» do tego, aby być miłowaną i miłować. (...) godność kobiety wiąże się ściśle z miłością, jakiej ona doznaje ze względu na samą kobiecość i równocześnie z miłością, którą ona ze swej strony obdarza".

(Mulieris Dignitatem)

Właśnie w owej wrażliwości kobiety na Chrystusa, którą Papież tak szeroko ukazuje, upatrywać trzeba teologicznego fundamentu postawy medytacyjnej oraz medytacyjnego wymiaru duchowości kobiety. Przejawia się ona także wrażliwością na człowieka, która w *Mulieris dignitatem* chyba po raz pierwszy w historii Kościoła została nazwana „geniuszem kobiety". Można właściwie orzec, że cały tok papieskiej medytacji o godności i powołaniu kobiety osiąga kulminację w tym właśnie wyrażeniu: „geniusz kobiety". Za jego pomocą określony został bowiem ten szczególny rodzaj wrażliwości kobiety na drugą osobę, do którego może człowieka uzdolnić jedynie miłość. I w tym tkwi cała moc kobieca.

„Moralna siła kobiety, jej duchowa moc wiąże się ze świadomością, że Bóg w jakiś szczególny sposób zawierza jej człowieka. Oczywiście, Bóg zawierza każdego człowieka wszystkim ludziom i każdemu z osobna. Jednakże to zawierzenie odnosi się w sposób szczególny do kobiety – właśnie ze względu na jej kobiecość – i w sposób szczególny stanowi też o jej powołaniu. (...) Kobieta jest mocna świadomością zawierzenia, mocna tym, że Bóg «zawierza jej człowieka» zawsze i wszędzie, nawet w warunkach społecznego upośledzenia, w jakich może ona się znaleźć (...)

[kobieta] staje się niezastąpionym oparciem i źródłem duchowej siły dla innych, którzy odczuwają w niej wielkie energie duchowe".

(Mulieris Dignitatem)

Dzięki tej świadomości, temu zawierzeniu, moralna siła kobiety daje o sobie znać w bardzo wielu postaciach niewieścich znanych nie tylko z przekazów biblijnych, ale ogólnie z historii ludzkości.

Wracając do kwestii równości kobiety i mężczyzny, z uwzględnieniem dawania się drugiej osobie, warto przytoczyć jeszcze inne słowa Ojca Świętego:

„Należy przede wszystkim podkreślić godność i odpowiedzialność kobiety, równe godności i odpowiedzialności mężczyzny. Równość ta realizuje się w szczególności we właściwym małżeństwie i rodzinie dawaniu się drugiemu współmałżonkowi i dawaniu się obojga dzieciom. To, co sam rozum ludzki wyczuwa i poznaje, zostało w pełni objawione przez Słowo Boże. Dzieje zbawienia są bowiem ciągłym i chwalebnym świadectwem godności kobiety".

(adhortacja apostolska Familiaris Consortio)

Słowa te są zgodne także z przekazem papieża Pawła VI, który w jednym ze swoich przemówień powiedział:

„W chrześcijaństwie, bardziej niż w każdej innej religii, kobieta posiadała od początku specjalny status godności, którego liczne i ważne aspekty ukazuje Nowy Testament... Jest oczywiste, że kobieta winna uczestniczyć w żywej i aktywnej strukturze chrześcijaństwa w taki sposób, by wydobyć te jej możliwości, które jeszcze nie zostały ukazane".

„Nadchodzi godzina, nadeszła już godzina, w której powołanie niewiasty realizuje się w pełni. Godzina, w której niewiasta swoim wpływem promieniuje na społeczeństwo i uzyskuje władzę nigdy dotąd nie posiadaną. Dlatego też w chwili, kiedy ludzkość przeżywa tak głębokie przemiany, niewiasty przepojone duchem ewangelicznym mogą nieść wielką pomoc ludzkości, aby nie upadła".

(Mulieris Dignitatem)

Rola kobiety w „ocaleniu" współczesnego świata i człowieka oraz jej odpowiedzialność za tę misję nie podlegają dyskusji. Znaczenie niewiasty w społeczeństwie i Kościele były wielokrotnie eksponowane w wystąpieniach Jana Pawła II.

„W naszej epoce, zdobycze wiedzy i techniki pozwalają osiągnąć nieznany przedtem stopień dobrobytu materialnego dla jednych, co niestety niesie z sobą równocześnie zepchnięcie na margines innych. W taki sposób ten postęp jednostronny może również oznaczać stopniowy zanik wrażliwości na człowieka, na to, co istotowo ludzkie. W tym sensie przede wszystkim nasze czasy oczekują na objawienie się owego «geniuszu» kobiety, który zabezpieczy wrażliwość na człowieka w każdej sytuacji; dlatego, że jest człowiekiem! I dlatego, że «największa jest miłość» (1 Kor 13,13)".

(Mulieris Dignitatem)

Każda kobieta może bowiem w Duchu Chrystusa odkryć pełne znaczenie swojej kobiecości, a przez to stać się niejako bezinteresownym darem dla innych i jednocześnie odnaleźć samą siebie. Jak napisał Ojciec Święty:

„Poprzez znamienne zestawienie w Liście do Efezjan nabiera pełnej wyrazistości to, co stanowi o godności kobiety zarówno w oczach Boga, Stwórcy i Odkupiciela, jak w oczach człowieka: mężczyzny i kobiety. Oto, na gruncie odwiecznego zamierzenia Bożego, kobieta jest tą, w której znajduje pierwsze zakorzenienie porządek miłości w stworzonym świecie osób. Porządek miłości należy do życia wewnętrznego Boga samego, do życia Trynitarnego. W wewnętrznym życiu Boga Duch Święty jest osobową hipostazą miłości. Przez Ducha, Dar niestworzony, miłość staje się darem dla osób stworzonych. Ta miłość, która jest z Boga, udziela się stworzeniom: „miłość Boża rozlana jest w sercach naszych przez Ducha Świętego, który został nam dany" (Rz 5,5)".

(Mulieris Dignitatem)

Ze słów Ojca Świętego wynika zatem, że powołanie do istnienia kobiety obok mężczyzny, aby stworzyli jedność, pozwala na rozlanie się miłości Boga w sercach istot, które zostały stworzone na Jego obraz i podobieństwo. Nazywając Chrystusa Oblubieńcem, a Kościół Oblubienicą, możemy tę analogię traktować również jako pośrednie potwierdzenie prawdy o kobiecie jako oblubienicy. Oblubieniec jest bowiem tym, który kocha. Oblubienica zaś jest kochana: jest tą, która doznaje miłości, aby móc wzajemnie kochać. Papież podkreśla przy tym, że *„Godność kobiety wiąże się ściśle z miłością, jakiej ona doznaje ze względu na samą kobiecość i równocześnie z miłością, którą ona ze swej strony obdarza"*. W ten sposób potwierdzona zostaje prawda zarówno o osobie, jak i o miłości.

Mówiąc, że kobieta jest tą, która powinna doznawać miłości, aby móc wzajemnie kochać, Jan Paweł II miał na myśli nie tylko ów specyficzny układ oblubieńczy małżeństwa, ale bardziej uniwersalny zakres, wyznaczony przez sam fakt bycia kobietą w odniesieniu do całości relacji międzyludzkich, na różne sposoby określających współistnienie oraz współdziałanie osób ludzkich, czyli mężczyzn i kobiet. Uważał, że:

„W tym szerokim i wielorako rozumianym kontekście kobieta jest szczególną wartością jako osoba ludzka, równocześnie zaś ta konkretna osoba ludzka, która jest kobietą, stanowi szczególną wartość osobową ze względu na swą kobiecość. Odnosi się to do wszystkich kobiet i zarazem do każdej z osobna kobiety, bez względu na uwarunkowanie kulturowe, w jakim żyje, niezależnie od takich czy innych jej właściwości duchowych, psychicznych czy cielesnych, jak na przykład wiek, wykształcenie, zdrowie, praca, stan małżeński czy bezżenność".

(Mulieris Dignitatem)

Wartość kobiecego powołania wiąże się również ze zdolnością poświęcania się dla innych, codziennego obdarowywania ich sobą.

„Kobieta właśnie poprzez poświęcanie się dla innych każdego dnia wyraża głębokie powołanie swego życia. Być może bardziej jeszcze niż mężczyzna widzi człowieka, ponieważ widzi go sercem. Widzi go niezależnie od różnych układów ideologicznych czy politycznych. Widzi go w jego wielkości i w jego ograniczeniach, i stara się wyjść mu

naprzeciw, oraz przyjść mu z pomocą. W ten sposób urzeczywistnia się w dziejach ludzkości podstawowy zamysł Stwórcy i na różne sposoby nieustannie ukazuje piękno – nie tylko fizyczne, ale nade wszystko duchowe, jakim Bóg obdarzył od początku człowieka, a w szczególności kobietę".

(IV Światowa Konferencja Kobiet w Pekinie 29 czerwca 1995)

„Jeżeli prawo dostępu do różnych zadań publicznych ma być przyznane kobietom podobnie jak mężczyznom, to jednocześnie społeczeństwo winno stworzyć takie struktury, aby kobiety zamężne i matki nie były w praktyce zmuszone do pracy poza domem, i aby ich rodziny mogły godnie żyć i rozwijać się pomyślnie nawet wtedy, gdy kobieta poświęca się całkowicie własnej rodzinie.

Należy ponadto przezwyciężyć mentalność, według której większy zaszczyt przynosi kobiecie praca poza domem, niż praca w rodzinie. Wymaga to jednak, by mężczyźni poważali i miłowali kobietę z całym szacunkiem dla jej godności, i aby społeczeństwo stwarzało i rozwijało warunki sprzyjające pracy domowej".

(adhortacja apostolska Familiaris Consortio)

Papież porusza także zagadnienie pracy kobiet wewnątrz rodziny i podkreśla jej ważność i ciężar. Pisze, że:

„praca ta powinna być gruntownie dowartościowana. Trud każdej kobiety związany z wydaniem na świat dziecka, z jego pielęgnowaniem, karmieniem, wychowaniem, zwłaszcza w pierwszych latach, jest tak wielki, że nie może mu dorównać żadna praca zawodowa".

(list do rodzin Gratissimam Sane)

Ks. Piotr Kroczek zwraca przy tym uwagę na dwa postulaty wysunięte przez Ojca Świętego do prawodawców. Pierwszy dotyczy tego, że praca w domu powinna „odzyskać należne zrozumienie w obrębie obowiązującego prawa pracy". A zgodnie z drugim postulatem macierzyństwo kobiet powinno zostać zrozumiane „jako wystarczający tytuł do odpowiedniego wynagrodzenia, niezbędnego do utrzymania rodziny w tej bardzo ważnej fazie jej egzystencji". Sam Papież w liście przesłanym na IV Światową Konferencję ONZ poświęconą Kobiecie (26 maja 1995 r.) zaznaczył przy tym jednak, że:

„Problem stojący przed większością społeczeństw polega na potwierdzeniu czy raczej na umocnieniu roli kobiety w rodzinie, a zarazem na stworzeniu jej takich warunków, by mogła wykorzystywać swoje talenty w procesie budowania społeczeństwa i cieszyć się pełnią swoich praw. Jednakże znaczniejszy udział kobiet w świecie pracy, w życiu publicznym i ogólnie w procesach podejmowania decyzji o znaczeniu społecznym na równi z mężczyznami będzie nadal stwarzał problemy, jeżeli jego koszty ponosić będzie sektor prywatny. Państwo ma obowiązek działać w tej dziedzinie zgodnie z zasadą pomocniczości, którą winno realizować poprzez stosowne inicjatywy prawodawcze oraz politykę bezpieczeństwa społecznego. W warunkach niekontrolowanej gospodarki wolnorynkowej niewielkie są szanse na to, że kobiety zdołają przezwyciężyć przeszkody na swojej drodze".

Ojciec Święty nie miał wątpliwości, że równa godność i odpowiedzialność tak mężczyzny, jak i kobiety w pełni usprawiedliwia dostęp kobiety do zadań publicznych. Z drugiej strony podkreślał jednak, że prawdziwy awans kobiety domaga się wyraźnego uznania wartości jej zadania macierzyńskiego oraz rodzinnego czy to w odniesieniu do wszystkich innych zadań publicznych, czy to w odniesieniu do wszystkich innych zawodów. Pisał m.in., że:

„Zadania te i zawody powinny zresztą uzupełniać się wzajemnie, jeżeli się pragnie, by rozwój społeczny i kulturalny był prawdziwie i w pełni ludzki. Stanie się to łatwiejsze, jeżeli (...) odnowiona „teologia pracy" naświetli i pogłębi znaczenie pracy w życiu chrześcijańskim i ustali podstawową więź, jaka istnieje pomiędzy pracą i rodziną, a tym samym pierwotne i niezbywalne znaczenie pracy dla domu i wychowania dzieci".

(adhortacja apostolska Familiaris Consortio)

Tym samym, Papież zwracał uwagę na szczególną rolę kobiet jako żon i matek. Ks. dr hab. Tadeusz Syczewski w swoich rozważaniach również odwoływał się do wyraźnie podkreślanej przez Jana Pawła II pracy kobiety wewnątrz rodziny:

„Choć przed kobietą otwierają się perspektywy pracy zawodowej w społeczeństwie oraz apostolstwa w Kościele, niczego nie można porównać z niezwykłą godnością, której źródło stanowi macierzyństwo, kiedy przeżywane jest we wszystkich swoich wymiarach".

(Zadania rodziny chrześcijańskiej w świecie współczesnym)

A zatem kobieca osobowość oraz spełnianie się jej kobiecości objawiają się najpełniej w dwóch wymiarach: w macierzyństwie i w dziewictwie. W ujęciu rodziny szczególnie ważne jest to pierwsze. Jan Paweł II pisał, że:

„macierzyństwo zawiera w sobie od samego początku szczególne otwarcie na nową osobę: ono jest właśnie udziałem kobiety. (...) Ten jedyny sposób obcowania z nowym kształtującym się człowiekiem stwarza z kolei takie odniesienie do człowieka – nie tylko do własnego dziecka, ale do człowieka w ogóle – które głęboko charakteryzuje całą osobowość kobiety".

(Muliers Dignitatem)

By jeszcze bardziej uwydatnić nadprzyrodzoną godność macierzyństwa, Ojciec Święty posługując się słowami z zakresu liturgii, oświadczył, że:

„pierwszym warunkiem poszanowania nienaruszalnych praw osoby ludzkiej jest cześć dla matki i kult macierzyństwa".

(Zadania rodziny chrześcijańskiej w świecie współczesnym)

Powyższe słowa uzupełnić może jeszcze poniższa wypowiedź Jana Pawła II, odnosząca się do istoty macierzyństwa:

„[istotą macierzyństwa jest to], że odnosi się ono do osoby. Stanowi o nim ów zawsze jedyny i niepowtarzalny związek osób: matki

z dzieckiem oraz dziecka z matką. Również, kiedy ta sama niewiasta jest matką wielu dzieci, jej osobisty stosunek do każdego z nich charakteryzuje macierzyństwo w samej jego istocie. Każde bowiem z dzieci jest zrodzone w sposób jedyny i niepowtarzalny, zarówno dla matki, jak dla dziecka. Każde też w sposób jedyny i niepowtarzalny jest ogarnięte ową macierzyńską miłością, na jakiej opiera się jego wychowanie i dojrzewanie w człowieczeństwie.

(Redemptoris Mater)

Jan Paweł II w liście przesłanym na IV Światową Konferencję ONZ poświęconą Kobiecie (26 maja 1995 r.) wyraził również swoje stanowisko w kwestii rozpowszechniającej się opinii, zgodnie z którą macierzyństwo miałoby ograniczać kobietę i utrudniać jej funkcjonowanie w życiu prywatnym i zawodowym.

„należy zwalczać błędny pogląd, że macierzyństwo zniewala kobiety, że ich oddanie rodzinie, a zwłaszcza dzieciom, nie pozwala im zrealizować osobistych aspiracji, zaś kobietom jako kategorii uniemożliwia aktywny udział w życiu społecznym. Nie tylko dzieci, ale także kobiety i samo społeczeństwo cierpi na tym, gdy wpaja się kobiecie poczucie winy z tego powodu, że pragnie pozostać w domu, aby wychowywać dzieci i opiekować się nimi. Należy raczej doceniać, pochwalać i popierać na wszelkie sposoby obecność matki w rodzinie, tak bardzo istotną dla trwałości i wzrostu tej podstawowej komórki społecznej".

(IV Światowa Konferencja ONZ poświęcona Kobiecie 26 maja 1995)

Pierwszoplanową rolę w wychowaniu dziecka odgrywa, zdaniem Jana Pawła II, zawsze matka. Ze względu na szczególną relację, jaka wiąże ją z dzieckiem, zapewnia mu poczucie bezpieczeństwa i ufności, bez których nie byłoby możliwe prawidłowe ukształtowanie się jego osobowej tożsamości i nawiązanie zdrowych relacji z innymi. Ta relacja przekłada się również na wychowanie religijne, ponieważ pozwala skierować serce i umysł dziecka ku Bogu – i to na długo przed rozpoczęciem formalnej edukacji religijnej. Owa misja jest jednak na tyle doniosła i delikatna, że żadna matka nie powinna pozostać sama w jej wypełnianiu. Tylko obecność i opieka obojga rodziców, a także jakość więzi istniejącej między małżonkami może prawidłowo wpływać na rozwój i funkcjonowanie dziecka oraz jego relacje z innymi.

Z powyższych rozważań wynika, że czas przeznaczony na wychowanie dziecka jest szczególnie cenny, gdyż decyduje tak o przyszłości osoby ludzkiej, jak i rodziny, a nawet całego społeczeństwa. Ma to swoje znaczenie także dla pokoju na świecie, o czym w swoim orędziu przypominał Jan Paweł II, mówiąc:

„Aby wychowywać do pokoju, kobieta musi przede wszystkim kultywować go w sobie samej. Źródłem pokoju wewnętrznego jest świadomość, że jest się kochanym przez Boga, oraz wola odpowiedzenia na Jego miłość. (...) [dlatego też trzeba, by kobiety] przez całe swoje życie, i działanie stawały się wychowawczyniami do pokoju: niech będą świadkami, głosicielkami, nauczycielkami pokoju w relacjach między osobami i pokoleniami, w rodzinie, w życiu kulturalnym, społecznym i politycznym narodów, zwłaszcza tam, gdzie toczą się konflikty i wojny. Niech postępują nieustannie drogą ku pokojowi, na którą weszło już przed nimi wiele kobiet, dając świadectwo odwagi i dalekowzroczności!"
(Orędzie na XXVIII Światowy Dzień Pokoju,
Watykan, 8 grudnia 1994 r.)

Jak można zatem zauważyć, pozycja kobiety – jej godność i doniosłość powołania, jej ważna rola zarówno w rodzinie, jak i społeczeństwie, jej duchowa, moralna siła były bardzo często podnoszone w wystąpieniach Papieża. Doceniał on „geniusz kobiety", jej zdolność miłowania i bycia miłowaną, dawania i bycia odbarowywaną. Jego słowa to niezwykle cenny dar dla wszystkich kobiet.

Na koniec chciałabym przytoczyć jeszcze fragment listu apostolskiego „Muliers Dignitatem", w którym Ojciec Święty Jan Paweł II napisał:

„Kościół dziękuje więc za wszystkie kobiety i za każdą z osobna:
– za matki, siostry, żony;
– za kobiety poświęcone Bogu w dziewictwie;

- za te, które oddają się posłudze tylu ludziom czekającym na bezinteresowną miłość drugich;
- za te, które czuwają nad człowiekiem w rodzinie będącej podstawowym znakiem ludzkiej wspólnoty;
- za kobiety wykonujące pracę zawodową;
- za te, na których ciąży nierzadko wielka odpowiedzialność społeczna;
- za kobiety „dzielne" i za kobiety „słabe" – za wszystkie: tak jak zostały pomyślane przez Boga w całym pięknie i bogactwie ich kobiecości;
- tak jak zostały objęte przez Jego odwieczną miłość;
- tak jak – razem z mężczyzną – są pielgrzymami na tej ziemi, która jest doczesną „ojczyzną" ludzi, a niejednokrotnie staje się „łez padołem";
- tak jak razem z mężczyzną podejmują wspólną odpowiedzialność za losy ludzkości, według wymagań dnia powszedniego i tych ostatecznych przeznaczeń, które ludzka rodzina znajduje w Bogu samym, w łonie niewypowiedzianej Trójcy".

(Mulieris Dignitatem)

Powtarzając za Papieżem,

Drogie Kobiety, dziękujemy Wam...

MĘŻCZYZNA

*Szczęśliwy małżonek, który z bojaźnią Bożą
podejmuje wielki dar miłości żony
i go odwzajemnia.*

św. Jan Paweł II

fot. Damian Dorosz

Mężczyzna

O równości oraz godności kobiety i mężczyzny jako osoby ludzkiej była już kilkukrotnie mowa we wcześniejszych rozważaniach. To zagadnienie jest ważne nie tylko z punktu widzenia kobiety, ale i mężczyzny. Jan Paweł II niejednokrotnie podkreślał, że tylko wzajemny szacunek i zrozumienie mogą stanowić o trwałości i doniosłości ich związku.

„Prawdziwa miłość małżeńska zakłada i wymaga, aby mężczyzna żywił głęboki szacunek dla równej godności kobiety: 'Nie jesteś jej panem – pisze św. Ambroży – lecz mężem, nie służącą otrzymałeś, ale żonę ... Odpłać życzliwością za życzliwość, miłość wynagrodź miłością'. Mężczyzna winien żyć ze swą żoną w szczególnej formie przyjaźni osób. A chrześcijanin jest powołany do rozwijania nowej postawy miłości, okazując w ten sposób swej własnej oblubienicy miłość subtelną i mocną zarazem, jaką Chrystus żywi do Kościoła".

(adhortacja apostolska *Familiaris Consortio*)

Podkreślanie przez Ojca Świętego równości pomiędzy kobietą i mężczyzną odnosi się także do pełni odczuwania przez mężczyznę własnej męskości. Jego godność oraz rola jako męża opierają się na dialogu miłości oraz umiejętności doceniania żony. Papież był zdania, że:

„Mężczyzna znajduje w kobiecie rozmówczynię, z którą pragnie prowadzić dialog na zasadzie całkowitej równości. To pragnienie, którego nie może zaspokoić żadna inna żywa istota, tłumaczy okrzyk podziwu, jaki wyrywa się z ust mężczyzny na widok kobiety, zbudowanej – wedle sugestywnego obrazu biblijnego – z jego żebra: «Ta dopiero jest kością z moich kości i ciałem z mego ciała!» (Rdz 2, 23). Jest to pierwszy okrzyk miłości, jaki r ozległ się na ziemi!"

(orędzie na XXVIII Światowy Dzień Pokoju,
Watykan, 8 grudnia 1994 r.)

To właśnie miłość, zdolność do jej przyjmowania i obdarowywania drugiej osoby samym sobą stanowią o istocie małżeństwa, którego podstawą jest więź między kobietą a mężczyzną. Kobiety, zdaniem Jana Pawła II, mają naturalną zdolność miłowania, a jak to jest z mężczyznami?

Potrafią obdarzać miłością, czy jedynie pozwalają się kochać? Otóż, Ojciec Święty uważał, że zdolność do miłości to nie jest tylko kwestia płci. Mówił, że:

"Miłować prawdziwie i w pełni potrafi tylko ten, kto zdolny jest „posiadać" swoją duszę, posiadać siebie samego: posiadać po to, ażeby stawać się „darem dla drugich". Tego wszystkiego uczy nas Chrystus nie tylko swym słowem, ale także swoim przykładem".

(homilia, Watykan, 24 lutego 1981 r.)

U kobiet zdolność ta jest naturalna, choć w historii ludzkości znane są przykłady niewiast postępujących wbrew swej kobiecości i powołaniu, niewiast niepotrafiących kochać. Mężczyźni miłości się uczą – zarówno w zakresie jej przyjmowania, jak i obdarowywania nią drugiej osoby. Dlatego też Jan Paweł II wielokrotnie apelował do mężczyzn:

"Mężowie, miłujcie żony, bo i Chrystus umiłował Kościół i wydał za niego samego siebie, aby go uświęcić, oczyściwszy obmyciem

wodą, któremu towarzyszy słowo, aby osobiście stawić przed sobą Kościół jako chwalebny, nie mający skazy czy zmarszczki, czy czegoś podobnego, lecz aby był święty i nieskalany. Mężowie powinni miłować swoje żony, tak jak własne ciało. Kto miłuje swoją żonę, siebie samego miłuje. Przecież nigdy nikt nie odnosił się z nienawiścią do własnego ciała, lecz [każdy] je żywi i pielęgnuje, jak i Chrystus – Kościół, bo jesteśmy członkami Jego Ciała. Dlatego opuści człowiek ojca i matkę, a połączy się z żoną swoją, i będą dwoje jednym ciałem" (Ef 5,25-31)".

(Teologia małżeńska)

Ojciec Święty był również przeświadczony, że:

"drugi opis stworzenia wyznaczył „od początku" mężczyźnie funkcję tego, który przede wszystkim odbiera dar (por. Rdz 2, 23). Kobieta zostaje „od początku" powierzona jego oczom, jego świadomości, jego wrażliwości, jego „sercu", on zaś ma niejako zabezpieczyć sam proces wymiany daru, owo wzajemne przechodzenie w siebie dawania i odbierania, które właśnie przez tę wzajemność konstytuuje autentyczną komunię osób".

(Teologia małżeństwa)

A zatem, jeśli w tajemnicy stworzenia kobieta jest „dana" mężczyźnie, ten zaś w całej prawdzie jej osoby oraz kobiecości odbiera ją jako dar, tym samym ją obdarowując, to sam również w tej wzajemnej relacji zostaje obdarowany – zarówno darem jej osoby i kobiecości, jak i swoim własnym obdarowaniem. Ojciec Święty podkreślał przy tym, że:

„To męskie obdarowanie – odpowiedź na dar kobiety – jest dla samego mężczyzny obdarowujące, w nim bowiem ujawnia się jakby wyróżniająca istota jego męskości, sięgająca poprzez całą oczywistość ciała i płci do tej samej głębi „posiadania siebie samego", przez którą człowiek jest zdolny zarówno dawać siebie, jak też przyjmować dar drugiego. Mężczyzna więc nie tylko przyjmuje dar, ale zarazem zostaje przyjęty jako dar przez kobietę w tym ujawnieniu się wraz

z całą prawdą jego ciała i płci samej wewnętrznej, duchowej istoty męskości. Przyjęty zaś w taki sposób zostaje samym tym przyjęciem i tym odebraniem daru jego męskości wzajemnie obdarowany. Z kolei takie przyjęcie, w którym mężczyzna odnajduje siebie przez „bezinteresowny dar z siebie", staje się w nim samym źródłem nowego, pogłębiającego się obdarowywania sobą kobiety".

(Teologia małżeństwa)

Omówiona wyżej wymiana jest zatem wzajemna, przy czym ta wzajemność odnosi się też ujawniających się w niej i rosnących skutków owego „bezinteresownego daru" oraz „odnajdywania siebie".

Pierwszą rolą mężczyzny w rodzinie jest bycie mężem, zaś jego powołanie dotyczy kobiety, która stała się jego żoną. Papież wskazuje, że w Bożym planie stwórczym nowy sens egzystencji mężczyzny nadaje właśnie kobieta. Tylko ona może wypełnić pustkę w jego życiu, uwolnić go od poczucia samotności, a także stać się odpowiednią dla niego pomocą. Do tego kobieta stale fascynuje i zaskakuje mężczyznę, swojego oblubieńca. Dzięki temu, odnosząc się do kobiety jako żony i matki, mężczyzna akcentuje swoją tożsamość i afirmuje się jako mąż i ojciec. Musi zatem mieć świadomość swojego daru i swojego powołania, o czym wielokrotnie przypominał Jan Paweł II:

„Wewnątrz komunii-wspólnoty małżeńskiej i rodzinnej mężczyzna jest powołany, aby żył w świadomości swego daru oraz roli męża i ojca. W małżonce widzi mężczyzna wypełnienie się zamysłu Bożego: „Nie jest dobrze, żeby mężczyzna był sam; uczynię mu zatem odpowiednią dla niego pomoc" i swoim czyni okrzyk Adama, pierwszego oblubieńca: „Ta dopiero jest kością z moich kości i ciałem z mego ciała!"

(Familiaris Consortio)

Ojciec Święty w swoich wystąpieniach i pismach wykazywał również, że dzięki miłości do małżonki, która została matką, oraz miłości do dziecka mężczyzna jest w stanie w naturalny sposób zrozumieć i urzeczywistnić własne ojcostwo. I to właśnie ono, obok bycia mężem, jest dla niego życiowym powołaniem. Papież napisał, że:

"Kiedy wraz z Apostołem zginamy kolana przed Ojcem, od którego bierze początek wszelkie rodzicielstwo (por. Ef 3, 14-15), wiemy, iż rodzicielstwo jest wydarzeniem, przez które rodzina, już zaistniała dzięki przymierzu małżeńskiemu, urzeczywistnia się „w pełnym i specjalnym sensie".

Macierzyństwo urzeczywistnia się za sprawą ojcostwa, a równocześnie ojcostwo za sprawą macierzyństwa jako owoc tej życiodajnej dwoistości, jaką stwórca obdarzył istotę ludzką od początku".

(Gratissimam Sane)

Zdaniem Papieża, ojcostwo wiąże się z wielką odpowiedzialnością za rodzinę, z troską o nią i pewnego rodzaju dojrzałością.

„Mężczyzna, ukazując i przeżywając na ziemi ojcostwo samego Boga, powołany jest do zabezpieczenia równego rozwoju wszystkim członkom rodziny. Spełni to zadanie przez wielkoduszną odpowiedzialność za życie poczęte pod sercem matki, przez troskliwe pełnienie obowiązku wychowania, dzielonego ze współmałżonką, przez pracę, która nigdy nie rozbija rodziny, ale utwierdza ją w spójni i stałości, przez dawanie świadectwa dojrzałego życia chrześcijańskiego, które skutecznie wprowadza dzieci w żywe doświadczenie Chrystusa i Kościoła".

(adhortacja apostolska *Familiaris Consortio*)

Jan Paweł II, odnosząc się do męskości mężczyzny, zwracał również uwagę na rozluźnienie obyczajów i więzi międzyludzkich, wykazując, że zjawisko rozpadu rodziny jest coraz częstsze. I nie chodzi tu tylko o rozejście się małżonków, ale także o uchylanie się mężczyzny od roli męża i ojca oraz zaniedbywanie rodziny bądź znęcanie się nad nią, zarówno w formie fizycznej, jak i psychicznej. Podkreślał, że:

„Nade wszystko tam, gdzie warunki społeczne i kulturalne łatwo skłaniają ojca do pewnego uwolnienia się od zobowiązań wobec rodziny i do mniejszego udziału w wychowaniu dzieci, konieczne jest odzyskanie społecznego przekonania, że miejsce i zadanie ojca

w rodzinie i dla rodziny mają wagę jedyną i niezastąpioną. Jak uczy doświadczenie, nieobecność ojca powoduje zachwianie równowagi psychicznej i moralnej oraz znaczne trudności w stosunkach rodzinnych, podobnie jak, w okolicznościach przeciwnych, przytłaczająca obecność ojca, zwłaszcza tam, gdzie występuje już zjawisko tzw. "machizmu", czyli nadużywanie przewagi uprawnień męskich, które upokarzają kobietę i nie pozwalają na rozwój zdrowych stosunków rodzinnych".

(Familiaris Consortio)

Wracając do odpowiedzialności mężczyzny za rodzinę, należy wskazać na jego tradycyjną rolę jako osoby zapewniającej utrzymanie żonie i dzieciom. Od wielu wieków i pokoleń praca, której celem było zdobycie środków mających zapewnić byt rodzinie, należała do podstawowych obowiązków mężczyzny. Jednakże zdaniem Jana Pawła II, ta rozpowszechniona opinia była nie do przyjęcia, gdyż redukowała rolę mężczyzny w rodzinie tylko do tego obowiązku, a tym samym potwierdzała słuszność absurdalnego powiedzenia: „Dobry ojciec to taki, który się nie upija i przynosi dużo pieniędzy do domu". Owszem, Papież nie zaprzeczał, że praca jest konieczna, ale był zdania, iż nie powinna ona utrudniać czy wręcz uniemożliwiać mężczyźnie wypełnienie wielu innych zadań, które ma on w odniesieniu do swojej żony i dzieci. I tu pojawia się refleksja, że nasza obecna rzeczywistość dość mocno odbiega od tej oczywistej zasady.

Uprzedzając pytanie, dlaczego tak niewielka objętościowo treść pojawiła się w tej części książki poświęconej mężczyźnie, odpowiadam, że Jan Paweł II wcale nie poświęcał więcej uwagi kobietom, ani że ja to zrobiłam, sama będąc kobietą. Po prostu, rola mężczyzny jako głowy rodziny, jako męża i ojca, jako osoby ludzkiej jest jasna i niezmienna od wieków. Nie trzeba walczyć o to, by zaistniała w świadomości społecznej, by została dostrzeżona i doceniona. Jest zatem w tym względzie mniej do przekazania, choć treść sama w sobie jest bardzo istotna. Mężczyzna jest bowiem dopełnieniem kobiety, jej oblubieńcem, jednym z wymiarów jej powołania. Tylko we dwoje tworzą jedność – boską doskonałość stworzoną na Jego obraz i podobieństwo.

MAŁŻEŃSTWO

*Małżeństwo jest drogą świętości,
nawet wtedy gdy staje się drogą krzyżową.*

św. Jan Paweł II
(homilia, Stary Sącz, 16 czerwca 1999 r.)

źródło: materiał własny

Małżeństwo

Rodzina rozumiana była zawsze jako pierwszy, podstawowy wyraz społecznej natury człowieka. W podobny sposób pojmuje się ją dzisiaj. Swój początek bierze ona ze wspólnoty małżeńskiej, określanej przez II Sobór Watykański mianem „przymierza". Ojciec Święty powtarzał, że właśnie „W tym przymierzu mężczyzna i kobieta wzajemnie się sobie oddają i przyjmują". Małżeństwo w ujęciu sakramentalnym jest zatem przymierzem osób w miłości. „A miłość może być ugruntowana i chroniona tylko przez Miłość, tę Miłość, jaka „rozlana jest w sercach naszych przez Ducha Świętego, który został nam dany" (Rz 5, 5)" (*Gratissimam Sane*).

A czym jest miłość, według Jana Pawła II? Przemawiając do młodzieży, tłumaczył tę kwestię następująco:

„Miłować – to znaczy: być przy Osobie, którą się miłuje (jestem przy Tobie), to znaczy zarazem: być przy Miłości, jaką jestem miłowany. Miłować – to znaczy dalej: pamiętać. Chodzić niejako z obrazem Umiłowanej Osoby w oczach i w sercu. To znaczy zarazem: rozważać tę Miłość, jaką jestem miłowany i coraz bardziej zgłębiać jej Boską i Ludzką wielkość. Miłować – to wreszcie znaczy: czuwać".

(z przemówienia do młodzieży, Częstochowa, 18 czerwca 1983)

Papież wielokrotnie podkreślał istotę i rolę miłości w życiu człowieka – tak kobiety, jak i mężczyzny.

„Człowiek nie może żyć bez miłości. Człowiek pozostaje dla siebie istotą niezrozumiałą, jego życie jest pozbawione sensu, jeśli nie objawi mu się Miłość, jeśli nie spotka się z Miłością, jeśli jej nie dotknie i nie uczyni w jakiś sposób swoją, jeśli nie znajdzie w niej żywego uczestnictwa".

(Redemptor hominis)

Od miłości, zdaniem Ojca Świętego, zależy bardzo wiele – zarówno w zakresie życia jednostki, jak i całego społeczeństwa, narodu, a nawet świata. Mówił, że:

„nie ma szczęścia, nie ma przyszłości człowieka i narodu bez miłości, tej miłości, która przebacza, choć nie zapomina, jest wrażliwa

na niedolę innych, nie szuka swego, ale pragnie dobra dla drugich; miłości, która służy zapomina o sobie i gotowa jest do wspaniałomyślnego dawania. Jesteśmy zatem wezwani do budowania przyszłości opartej na miłości Boga i bliźniego.
   Do budowania „cywilizacji miłości..."
(homilia, Sopot, 5 czerwca 1999 r.)

Pojęcie „cywilizacji miłości" w naukach Kościoła nie tylko się przyjęło, ale wręcz zadomowiło i utrwaliło. Pojęcie „cywilizacja" pochodzi od łacińskiego słowa *civis*, oznaczającego obywatela, i podkreśla polityczny wymiar bytowania każdego człowieka. Jednakże głębszy sens tego wyrażenia nie ma wcale wymiaru politycznego, ale humanistyczny. Cywilizacja należy bowiem do dziejów człowieka, odpowiadając jego duchowości oraz moralności: ten „stworzony na obraz i podobieństwo Boże otrzymał świat z rąk Stwórcy z zadaniem, by tworzył go na swój obraz i podobieństwo". W tym zadaniu i jego wypełnianiu tkwi właśnie źródło cywilizacji, którą ostatecznie należy rozumieć jako „humanizację" świata.

Zgodnie z naukami papieskimi, małżeństwo ma stanowić również wspólnotę eklezjalną. Jej przyczyną sprawczą jest Duch Święty, który jest „żywym źródłem i niewyczerpanym pokarmem nadprzyrodzonej komunii, która gromadzi i wiąże wierzących z Chrystusem i między sobą w jedności Kościoła Bożego" (*Familiaris Consortio*). Taką wspólnotę chrześcijanie jeszcze w starożytności słusznie nazywali „Kościołem domowym".

Małżeństwo jako kościelny sakrament zawarte zostaje za pośrednictwem słów wypowiadanych przez szafarzy, czyli nowożeńców, które w porządku intencjonalnym oznaczają to, czym (a raczej: kim) oboje są zdecydowani być odtąd wzajemnie dla siebie i wspólnie. Jan Paweł II, odnosząc się do słów: „Biorę ciebie za żonę", „Biorę ciebie za męża", pisał, że:

„te słowa znajdują się w centrum liturgii małżeństwa jako sakramentu Kościoła. Słowa te wypowiadają narzeczeni, włączając je w sakramentalną formułę ślubowania: „Ślubuję ci miłość, wierność i uczciwość małżeńską – oraz że cię nie opuszczę aż do śmierci". Ślubowanie zaś dopełnia przysięga: „Tak mi dopomóż, Panie Boże

Wszechmogący w Trójcy Jedyny, i Wszyscy Święci". Wypowiadając te słowa, zawierają małżeństwo – a równocześnie przyjmują je jako sakrament, którego oni oboje są szafarzami".

(Teologia małżeństwa)

Słowa cytowanej wyżej przysięgi małżeńskiej niosą w sobie przy tym odwieczną, choć za każdym razem jedyną i niepowtarzalną „mowę ciała", a także osadzają ją w kontekście komunii osób. Mężczyzna i kobieta stają się dla siebie wzajemnym darem – darem w swej męskości i kobiecości – odkrywają oblubieńcze znaczenie ciała oraz odnoszą je do siebie nawzajem w sposób nieodwracalny, gdyż w wymiarze całego życia. Zdaniem Papieża bowiem:

„Słowa przysięgi małżeńskiej orzekają o tym, co stanowi wspólne dobro – naprzód małżeństwa, z kolei zaś rodziny. Dobrem wspólnym małżonków jest miłość, wierność i uczciwość małżeńska oraz trwałość ich związku „aż do śmierci". To dobro obojga jest równocześnie dobrem każdego z nich. Ma z kolei stać się dobrem ich dzieci".

(Gratissimam Sane)

Jan Paweł II przypomina, że mężczyzna opuszcza ojca i matkę, aby złączyć się ze swoją żoną (Rdz 2, 24), co oznacza świadomy i wolny wybór, który daje początek przymierzu małżeńskiemu i czyni syna rodziny małżonkiem, a córkę – żoną. Chrystus w Ewangelii, w rozmowie z faryzeuszami przytacza te same słowa, dodając: „A tak już nie są dwoje, ale jedno ciało. Co więc Bóg złączył, niech człowiek nie rozdziela" (Mt 19, 6). Ów świadomy i wolny wybór oparty jest przy tym na miłości – charakter jedności małżeńskiej zwieńczają zaś słowa: „Kto miłuje swoją żonę, siebie samego miłuje" (Ef 5, 28). Miłość tym samym czyni drugie „ja" niejako własnym „ja", czyli „ja" żony staje się poprzez miłość poniekąd własnym „ja" męża i na odwrót. Jan Paweł II tłumaczył to tak:

„Jest to jedność moralna, uwarunkowana miłością i ukształtowana przez miłość. Miłość nie tylko łączy dwa podmioty, ale pozwala im w taki sposób przenikać siebie, duchowo przynależąc do siebie wzajemnie, że autor listu może stwierdzić: „kto miłuje swoją żonę,

siebie samego miłuje". „Ja" poniekąd staje się „ty", a „ty" – „ja" (oczywiście w znaczeniu moralnym)".

(Teologia małżeństwa)

Zdaniem Papieża, źródłem wszelkiej miłości – małżeńskiej, rodzicielskiej, wspólnotowej – jest Bóg:

„Ewangelia miłości jest niewyczerpalnym źródłem wszystkiego, czym karmi się ludzka rodzina jako „komunia osób". W miłości znajduje oparcie i ostateczny sens cały proces wychowawczy jako dojrzały owoc miłości rodzicielskiej. Poprzez wszystkie trudy, wszystkie cierpienia i zawody, jakie idą w parze z wychowaniem człowieka, miłość wciąż zdaje wielki egzamin. Aby zdać ten egzamin, trzeba źródła duchowej mocy. To źródło znajduje się nieodmiennie w Tym, który „do końca (...) umiłował" (J 13,1).

(Gratissimam Sane)

Ojciec Święty dodaje przy tym, że:

„Miłość pomiędzy mężczyzną i kobietą w małżeństwie (...) jest ożywiana i podtrzymywana przez wewnętrzny, nieustający dynamizm, prowadzący rodzinę do coraz głębszej i mocniejszej komunii, która jest fundamentem i zasadą wspólnoty małżeńskiej i rodzinnej".

(Familiaris Consortio)

Jako pierwsza powstaje i rozwija się przy tym komunia pomiędzy małżonkami. Na mocy przymierza miłości małżeńskiej mężczyzna i kobieta „już nie są dwoje, lecz jedno ciało", a ich powołaniem staje się dążenie do ciągłego wzrostu w tej komunii „poprzez codzienną wierność małżeńskiej obietnicy obopólnego całkowitego daru". Jak podaje Jan Paweł II:

„owa komunia małżeńska ma swoje korzenie w naturalnym uzupełnianiu się mężczyzny i kobiety i jest wzmacniana przez osobistą wolę małżonków dzielenia całego programu życia, tego,

co mają i tego, czym są. Stąd taka komunia jest owocem i znakiem potrzeby głęboko ludzkiej. Jednakże w Chrystusie Panu, Bóg przyjmuje tę potrzebę ludzką, potwierdza ją, oczyszcza i podnosi, prowadząc ją do doskonałości w sakramencie małżeństwa".

(Familiaris Consortio)

Zgodnie z nauczaniem papieskim, istotowo miłość jest darem. A miłość małżeńska, prowadząc małżonków do wzajemnego „poznania", które czyni z nich „jedno ciało", nie wyczerpuje się przy tym wśród nich dwojga, gdyż uzdalnia ich do największego oddania, dzięki czemu stają się oni współpracownikami Boga, udzielając daru życia nowej osobie ludzkiej. „W ten sposób małżonkowie, oddając się sobie, wydają z siebie nową rzeczywistość – dziecko, żywe odbicie ich miłości, trwały znak jedności małżeńskiej oraz żywą i nierozłączną syntezę ojcostwa i macierzyństwa" (*Familiaris Consortio*).

Jan Paweł II wskazuje również, że komunijna perspektywa małżeństwa nakazuje w nowym świetle ujrzeć prawa i obowiązki kobiety, zadania mężczyzny jako męża i ojca, a także rolę dzieci oraz osób starszych w rodzinie. Trzeba mieć przy tym na uwadze, że nie chodzi wyłącznie o prawa i obowiązki natury organizacyjno-prawnej czy społecznej, ale także te o wymiarze duchowym. Papież mówi też o konieczności respektowania odrębności powołania mężczyzny i powołania kobiety, jak również wyraża troskę o godność kobiety i o istotę ojcostwa, którą należy rozumieć poprzez jego „miłość do małżonki, która została matką, i miłość do dzieci". Stąd właśnie rodzi się „łaska i wymóg autentycznej i głębokiej duchowości małżeńskiej i rodzinnej" (*Familiaris Consortio*).

Papież zaznacza też, że z tej miłości, pojmowanej jako istotny wymiar duchowości małżeńskiej, wypływa gościnność i otwartość na innych. A zatem należy pojąć:

„jakże ważną rolę odgrywa duchowość w rodzinie. Wspólne uczestnictwo we mszy świętej, modlitwa wieczorna, wspólny różaniec. Wyznawanie wspólnych wartości, które stają się fundamentem rodziny".

(Teologia małżeństwa)

Oprócz wyznawania wspólnych wartości istotne znaczenie dla duchowości małżeńskiej ma także modlitwa rodzinna, która czerpie „swą pierwotną treść z samego życia rodzinnego", a zarazem jest wzajemnym świadectwem wiary, głęboko wpisującym się w życie codzienne tak małżonków, jak i ich dzieci, a nawet innych osób spoza rodziny.

Encyklika papieska *Humanae vitae* pozwala nam zbudować zarys duchowości małżeńskiej. Zgodnie z jej przekazem:

„Jest to ta duchowość, w której – przez uwzględnienie porządku „biologicznego", a równocześnie na gruncie czystości wspieranej przez donum pietatis – kształtuje się wewnętrzna harmonia małżeństwa, związana z tym, co encyklika określa jako „dwoistą funkcję znaku". Harmonia ta oznacza, że małżonkowie obcują ze sobą w wewnętrznej prawdzie „mowy ciała".

(Humanae vitae)

Owa więź, jaka zachodzi pomiędzy tą „prawdą" a miłością, jest przy tym nienaruszalna. Ojciec Święty tłumaczy też, że:

„Dar czci, którą Duch Święty wzbudza w małżonkach, posiada ogromne znaczenie dla owych „znaków miłości", ponieważ w parze z nim idzie zdolność głębokiego upodobania i podziwu, bezinteresownej koncentracji na „widzialnym" i równocześnie „niewidzialnym" pięknie kobiecości czy męskości – wreszcie: głębokie poczucie bezinteresownego obdarowania „drugim".

(Teologia małżeństwa)

Ks. Marek Chmielewski w swoim studium *Duchowość według Jana Pawła II* wskazuje, iż skutkiem owej duchowej mocy małżeństwa i rodziny w wymiarze społecznym jest jej duchowa suwerenność, jej zaś wartością pochodną jest duchowa moc i siła narodu. Potwierdzają to słowa samego Papieża, zgodnie z którymi:

„Naród prawdziwie suwerenny i duchowo mocny jest zawsze złożony z mocnych rodzin: rodzin świadomych swojego powołania

i posłannictwa w dziejach. W centrum tych wszystkich spraw i zadań stoi zawsze rodzina".

(Gratissimam Sane)

Jan Paweł II w kontekście rodziny, a zwłaszcza małżeństwa, używał często dwóch sformułowań, odnoszących się do różnych, choć powiązanych ze sobą zagadnień. Pierwsze, ogólniejsze to cywilizacja miłości, a drugie, bardziej szczegółowe – odpowiedzialne rodzicielstwo. Wielką kartą cywilizacji miłości nazywał przy tym *Hymn o miłości* z Pierwszego Listu św. Pawła do Koryntian. Podkreślał, że:

„Chodzi w nim nie tylko o poszczególne przejawy (zarówno egoizmu, jak też altruizmu), ale przede wszystkim o zaakceptowanie definicji człowieka jako osoby, która „urzeczywistnia się" przez bezinteresowny dar z siebie samej. Dar jest – oczywiście – darem dla drugiego, „dla innych": jest to najważniejszy wymiar cywilizacji miłości".

(Gratissimam Sane)

Nie będzie wielkim odkryciem stwierdzenie, że człowiekowi nie wystarczają relacje czysto funkcjonalne. Potrzebuje on więzi międzyosobowych, które sięgają głęboko do jego wnętrza i wyrażają całkowicie bezinteresowny dar z siebie. Wśród tego typu więzi fundamentalną rolę odgrywają relacje wewnątrz rodziny, szczególnie między małżonkami oraz między rodzicami a dziećmi. Ojciec Święty wskazywał, że:

„Cała ogromna sieć ludzkich relacji rodzi się i nieustannie odradza dzięki tej więzi, poprzez którą mężczyzna i kobieta uznają, że są dla siebie nawzajem stworzeni, i postanawiają połączyć swoje drogi, tworząc jedną wspólnotę życia: «Dlatego to mężczyzna opuszcza ojca swego i matkę swoją i łączy się ze swą żoną tak ściśle, że stają się jednym ciałem» (Rdz 2, 24). Jednym ciałem! Trudno nie dostrzec całej mocy tego wyrażenia! W rozumieniu biblijnym słowo «ciało» nie oznacza jedynie fizycznej natury człowieka, ale całą jego tożsamość duchową i cielesną. Małżonkowie tworzą nie tylko wspólnotę ciał,

ale prawdziwą jedność osób. Jest to jedność tak głęboka, że stają się oni w doczesnej rzeczywistości niejako odblaskiem Boskiego «My» trzech Osób Trójcy Świętej".

(kazanie podczas mszy św. z okazji Jubileuszu Rodzin, 15 października 2000 r.)

Warto tutaj wspomnieć, że Sobór Watykański II, przejęty gruntownie sprawą człowieka i jego powołania, głosi, że: „zjednoczenie małżeńskie, biblijne *„jedno ciało" (una caro)*, nie może być w pełni zrozumiane i wyjaśnione inaczej, jak *tylko w kategoriach „osoby" i „daru"*. Każdy mężczyzna i każda kobieta nie urzeczywistnia się w pełni inaczej, jak tylko przez bezinteresowny dar z siebie". Jan Paweł II w liście skierowanym do rodzin (*Gratissimam Sane*) uzupełnia to przesłanie w następujący sposób:

„Moment zjednoczenia małżeńskiego jest najbardziej szczególnym doświadczeniem tego właśnie daru. Mężczyzna i kobieta, w całej „prawdzie" swej męskości i kobiecości, stają się w tym momencie wzajemnym darem dla siebie. Całe życie w małżeństwie jest darem, ale odnosi się w sposób szczególny do tego właśnie momentu, kiedy małżonkowie oddając się sobie wzajemnie w miłości, urzeczywistniają to spotkanie, które czyni z nich dwojga „jedno ciało".

Moment oddania się sobie wzajemnie w miłości jest również momentem szczególnej odpowiedzialności z uwagi na związane z aktem małżeńskim potencjalne rodzicielstwo. Papież podkreśla, że:

„Oto w tym właśnie momencie mogą stać się ojcem i matką, dając początek procesowi nowego ludzkiego istnienia, który z kolei dokonuje się w samej kobiecie. To ona jako pierwsza wie, że stała się matką, a dzięki jej świadectwu mężczyzna, z którym łączyła ją „jedność w ciele", uświadamia sobie z kolei, że stał się ojcem. Za to potencjalne, a następnie zaktualizowane rodzicielstwo, on jest odpowiedzialny wspólnie z nią".

(Gratissimam Sane)

W świetle powyższych rozważań łatwo można stwierdzić, że według Ojca Świętego, małżeństwo niesie z sobą szczególną odpowiedzialność za dobro wspólne, najpierw małżonków, a potem rodziny. Owym wspólnym dobrem jest zaś człowiek ze swoją wartością osoby, będącej miarą godności ludzkiej. Nie ma się zatem co dziwić używanemu przez Jana Pawła II określeniu: odpowiedzialne rodzicielstwo, gdyż bycie rodzicem oznacza bycie odpowiedzialnym za nowe życie. Z nauk papieskich wynika przy tym, że:

„Małżonkowie uczą się, czym jest odpowiedzialne rodzicielstwo z własnego doświadczenia, a równocześnie z doświadczenia innych małżeństw żyjących w podobnych warunkach, co czyni ich także bardziej otwartymi na sugestie nauk. W pewnym sensie jest więc tak, że „uczeni" uczą się „od małżonków", aby z kolei w sposób bardziej kompetentny uczyć ich, czym jest odpowiedzialne rodzicielstwo oraz jak je wprowadzać w życie".

(Gratissimam Sane)

Ojciec Święty niejednokrotnie wskazywał przy tym, że:

„Rodzicielstwo stwarza sobie tylko właściwe współistnienie i współdziałanie samodzielnych osób. Odnosi się to w sposób szczególny do matki, kiedy poczyna się nowy człowiek. Pierwsze miesiące jego bytowania związane z łonem matki stwarzają szczególną więź, która w znacznej mierze ma już charakter wychowawczy. (...) Mężczyzna-ojciec nie bierze w tym procesie bezpośredniego udziału. Powinien się jednak świadomie zaangażować w oczekiwanie mającego się narodzić dziecka, o ile to możliwe także w samym momencie jego przyjścia na świat.

Dla „cywilizacji miłości" jest sprawą zasadniczą, ażeby mężczyzna czuł się obdarzony macierzyństwem kobiety, swojej żony. I to ma z kolei ogromny wpływ na cały proces wychowawczy. Ogromnie wiele zależy od tego, czy i w jaki sposób uczestniczy on w tej pierwszej fazie obdarzania człowieczeństwem, czy i jak angażuje swą męskość i swoje ojcostwo w macierzyństwo własnej żony".

(Gratissimam Sane)

Najgłębszym i najlepiej określającym rodzicielstwo elementem jest, zdaniem Ojca Świętego:

„miłość ojcowska i macierzyńska, która znajduje w dziele wychowawczym wypełnienie doskonałej służby życiu: miłość rodzicielska od początku staje się duszą, a przez to i normą, która inspiruje i nadaje kierunek całej konkretnej działalności wychowawczej, ubogacając ją tak cennymi owocami miłości, jak czułość, stałość, dobroć, usłużność, bezinteresowność i duch ofiary".

(Familiaris Consortio)

Zgodnie z naukami Jana Pawła II, wychowanie należy przede wszystkim rozumieć jako obdarzanie człowieczeństwem i to obdarzanie dwustronne. Rodzice bowiem swoim dojrzałym człowieczeństwem obdarzają dziecko, czyli nowo narodzonego człowieka, ten zaś obdarza ich z kolei całą nowością i świeżością człowieczeństwa, które z sobą przynosi na świat. Czyż nie słusznie więc Kościół pyta nowożeńców przy ślubie o to, czy chcą „z miłością przyjąć i po katolicku wychować potomstwo, którym [ich] Bóg obdarzy?".

Ojciec Święty podkreślał, że miłość małżeńska wyraża się właśnie w wychowaniu jako prawdziwa miłość rodzicielska. Pisał, że:

„Komunia osób, która stoi u początku rodziny jako miłość małżeńska, dopełnia się poprzez wychowanie i rozprzestrzenia się na dzieci. Chodzi o to, aby podjąć całe to potencjalne bogactwo, jakim jest każdy człowiek rozwijający się pośród rodziny; chodzi o to, aby nie pozwolić mu zginąć albo ulec degeneracji, natomiast zaktualizować je w coraz dojrzalsze człowieczeństwo. I jest to również proces wzajemny: wychowawcy-rodzice są równocześnie w pewien sposób wychowywani. Ucząc człowieczeństwa swoje dziecko, sami też poznają je na nowo i uczą się go na nowo".

(Gratissimam Sane)

Należy to zatem rozumieć jako wzajemne oddziaływanie – obdarzanie się darem miłości i człowieczeństwa. Papież dodaje, że:

Małżeństwo

"O ile rodzice, obdarzając życiem, uczestniczą w działaniu stwórczym Boga, o tyle przez wychowanie stają się oboje uczestnikami Jego ojcowskiej, a zarazem macierzyńskiej pedagogii. Boskie Ojcostwo – według św. Pawła – jest prawzorem dla wszelkiego rodzicielstwa we wszechświecie (por. Ef 3,14-15), a szczególnie jest prawzorem dla macierzyństwa i ojcostwa ludzkiego".

(Gratissimam Sane)

Odnosząc się do kwestii małżeństwa, nie można pomijać milczeniem faktu, że zarówno miłość, jak i owe przymierze należy pielęgnować. Należy się wzajemnie szanować, akceptować i słuchać. Otaczać troską nie tylko każde z osobna „ja", ale także „my". Ojciec Święty nazywał to dialogiem małżeńskim i nawoływał do jego stosowania przez małżonków w celu pielęgnowania ich miłości. Pisał m.in., że:

"Dążąc do wykształcenia postawy słuchania i wzajemnej akceptacji, która ma podtrzymywać i rozwijać miłość między małżonkami, należy podjąć praktykę «dialogu małżeńskiego». Przez szczerą rozmowę małżonkowie mogą wyrażać swą miłość, nie osądzając partnera i nie bojąc się jego osądu, kierując się słuszną troską o prawdę we wzajemnych stosunkach, okazując czułość i serdeczność, które sprzyjają dialogowi i rozwojowi osobowości i są źródłem szczęścia".

(list do Équipes Notre-Dame, 27 listopada 1997 r.)

Zdaniem Papieża, ów dialog małżeński stanowi:

"konkretne świadectwo wzajemnej odpowiedzialności małżeńskiej, którą każdy przyjmuje w sakramencie: odpowiedzialności za to, by «być dla siebie nawzajem i dla swoich dzieci świadkami wiary i miłości".

(Lumen gentium)

Według Jana Pawła II ów dialog prowadzi do głębokiej komunii i sprzyja wzrostowi osobowości. Małżonkowie – tak mąż, jak i żona, nieustannie odnawiani przez dialog miłości, który pozwala im budować autentyczną więź, mogą żyć w pokoju i radości, a także wypełniać wszystkie swoje powinności (małżeńskie i rodzicielskie).

„W ten sposób dają przekonujące świadectwo przede wszystkim własnym dzieciom. (...) Dzięki serdecznej atmosferze życia rodzinnego, otwartego na wszystkich, młodzi mogą pokonywać kolejne etapy dojrzewania psychicznego i duchowego".

(List do Équipes Notre-Dame, 27 listopada 1997 r.)

Z miłością małżeńską wiąże się również aspekt moralny. Jak wskazywał Ojciec Święty, poprzez zwrot „Mężowie, miłujcie żony, bo i Chrystus umiłował Kościół" Pismo Święte podkreśla właśnie powinność moralną.

„Aby jednak taką powinność można było zalecić, musi się przyjąć, że w samej istocie małżeństwa odzwierciedla się i urzeczywistnia coś z tego, co zachodzi pomiędzy Chrystusem a Kościołem. Trzeba przyjąć, że w samej istocie małżeństwa zawiera się jakaś cząstka tej samej tajemnicy".

(Teologia małżeństwa)

Przytoczone wyżej wyrażenie posiada przy tym ogromną nośność znaczeniową, gdyż podkreśla wzajemne odniesienie mężczyzny i kobiety w małżeństwie. Miłość małżeńska wiąże się bowiem z prawdziwą jednością i bezinteresownym obdarowywaniem drugiej osoby samym sobą. Według Papieża:

„Chodzi tu o pragnienie zrodzone w klimacie miłości oblubieńczej, która sprawia, że „bezinteresowny dar z siebie" ze strony kobiety winien znaleźć odpowiedź i dopełnienie w analogicznym „darze" ze strony mężczyzny. Tylko na tej zasadzie oboje, a w szczególności kobieta, mogą „odnajdywać siebie" jako prawdziwa „jedność dwojga" wedle godności osoby. Zjednoczenie małżeńskie domaga się poszanowania i doskonalenia prawdziwej podmiotowości osobowej obojga".

(Mulieris Dignitatem)

Jan Paweł II podkreśla przy tym, że:

„[ów] Dar niesie ze sobą głęboką i wszechstronną koncentrację na osobie – ogarnia tą koncentracją całą osobę w jej kobiecości i męskości

– i w ten sposób stwarza wewnętrzny klimat osobowego zjednoczenia. Tylko w takim klimacie osobowego zjednoczenia małżonków dojrzewa prawidłowo ich rodzicielstwo – to rodzicielstwo, które określamy jako „odpowiedzialne".

(Teologia małżeństwa)

A zatem, logika całkowitego daru z siebie dla drugiego człowieka otwiera małżonków na ich potencjalnie rodzicielstwo, gdyż w ten sposób mogą się jeszcze pełniej urzeczywistnić jako rodzina.

„Oczywiście, celem wzajemnego daru mężczyzny i kobiety nie jest tylko zrodzenie dzieci, lecz również wzajemna kontynuacja miłości i życia. Trzeba jednak, ażeby została zabezpieczona wewnętrzna prawda tego daru. „Wewnętrzna" to nie znaczy tylko „subiektywna". „Wewnętrzna" – to znaczy odpowiadająca obiektywnej prawdzie tego i tej, która przekazuje dar. Osoba nie może być nigdy środkiem do celu, środkiem „użycia" – musi być sama celem działań. Tylko wtedy działanie odpowiada jej prawdziwej godności".

(Gratissimam Sane)

Małżeństwo jest zatem jednocześnie podmiotem i przedmiotem daru. Przy czym najcenniejszym jego darem są dzieci. Jan Paweł II był zdania, że zgodnie z Bożym zamysłem „małżeństwo jest podstawą szerszej wspólnoty rodzinnej, ponieważ sama instytucja małżeństwa i miłość małżeńska są skierowane ku rodzeniu i wychowaniu potomstwa, w którym znajdują swoje uwieńczenie" (*Familiaris Consortio*). Dlatego też podkreślał w swoich wystąpieniach i pismach, że:

„Szczęśliwy małżonek, który z bojaźnią Bożą podejmuje wielki dar miłości żony i go odwzajemnia. Szczęśliwi oboje, gdy ich małżeńskie zjednoczenie przeniknięte jest odpowiedzialnością za dar życia, który w zjednoczeniu tym bierze początek. Jest to naprawdę wielka tajemnica i wielka odpowiedzialność: dawać życie nowym istotom, stworzonym na obraz i podobieństwo Boga. Nigdzie indziej Bóg nie uobecnia się we właściwym sobie działaniu wobec człowieka tak

radykalnie i nigdzie indziej nie ujawnia się wobec człowieka tak namacalnie, jak w swoim stwórczym działaniu, czyli jako Dawca daru życia ludzkiego".

(„Miłujcie się", 2005, nr 3)

Dla każdego chrześcijanina jest jasne, że bez miłości rodzina nie jest wspólnotą osób, *„bez miłości nie może ona żyć, wzrastać i doskonalić się"*. Z darem miłości wiąże się jednak jeszcze jedno – oddziaływanie na ducha człowieka i jego wewnętrzne umocnienie. Ojciec Święty przedstawiał to w taki sposób:

„Apostoł, zginając kolana swe przed Ojcem, prosi, ażeby „sprawił [...] przez Ducha swego wzmocnienie wewnętrznego człowieka" (Ef 3,16). O tę „siłę wewnętrznego człowieka" chodzi w całym życiu rodziny, zwłaszcza we wszystkich momentach krytycznych, kiedy wypada zdawać trudny egzamin z miłości – z tej miłości, jaką małżeńskie ślubowanie wyraża w słowach: „że cię nie opuszczę aż do śmierci".

(Gratissimam Sane)

Pamiętać też trzeba, że każda osoba ludzka, każda kobieta i każdy mężczyzna mają swoją tożsamość, która stanowi podstawę życia osobowego człowieka. Ona również wpływa na pojmowanie małżeństwa jako komunii, przymierza. Zdaniem Papieża bowiem:

„Tożsamość ta – to zdolność do życia w prawdzie i miłości; więcej nawet – to potrzeba prawdy i miłości jako wymiaru życia osobowego. Tego rodzaju potrzeba prawdy i miłości otwiera człowieka równocześnie na Boga oraz na wszystko, co istnieje – otwiera go w sposób szczególny na drugiego człowieka, otwiera go ku życiu „w komunii". Otwiera mężczyznę i kobietę w stronę małżeństwa i rodziny".

(Gratissimam Sane)

W *Teologii małżeństwa* Jan Paweł II odniósł się do głęboko osadzonej w świadomości człowieczeństwa perspektywy istnienia człowieka. Zgodnie z Księgą Rodzaju stwierdził, iż obie osoby ludzkie: mężczyzna i kobieta zostali stworzeni do małżeństwa: „Opuszcza człowiek ojca swego i matkę i łączy się z żoną swoją tak ściśle, że stają się jednym ciałem" (2,24). W ten sposób bowiem otwiera się, jego zdaniem, wielka, stwórcza perspektywa. Dotyczy ona istnienia, które stale odnawia się w drodze prokreacji (jakby „samoodtwarza się").

Ks. Tadeusz Syczewski w swojej pracy *Zadania rodziny chrześcijańskiej w świecie współczesnym* zaznacza, że małżonkowie muszą sobie dobrze uświadomić, że życie w duchu komplementarności jest wielkim darem, który pragną składać z siebie – zgodnie ze słowami Ojca Świętego: *„Prawdziwa miłość nie jest mglistym uczuciem ani ślepą namiętnością. Jest wewnętrzną postawą, ogarniającą całego człowieka. (...) jest darem z samego siebie".* Tym darem mają być dla siebie w każdej sytuacji swojego życia w chwilach radosnych i smutnych, dając z siebie, to co posiadają najlepszego.

Małżonkowie chrześcijańscy są apostołami nie tylko wtedy, gdy w ścisłym sensie zajmują się apostolstwem, ale także wówczas, gdy we własnej rodzinie spełniają swoje obowiązki w sposób należyty i zgodny z ich powołaniem. Najważniejszymi dziedzinami małżeńskiego apostolstwa są: wychowanie dzieci, przygotowanie ich do własnych zadań w rodzinie, pomoc młodym małżeństwom, niesienie pomocy rodzinom przeżywającym kryzysy, a zwłaszcza tym, którym grozi rozbicie. Jak powiedział Jan Paweł II:

„Wszyscy małżonkowie są powołani do świętości w małżeństwie według woli Boga, a to powołanie realizuje się w miarę, jak osoba ludzka potrafi odpowiedzieć na przykazanie Boże, ożywiona spokojną ufnością w łaskę Bożą i we własną wolę".

(Familiaris Consortio)

Sobór Watykański II mówi o powołaniu wszystkich wiernych do świętości, precyzując, że małżonkowie osiągają ten cel «propriam viam sequentes» – «idąc własną drogą». Małżonkowie bowiem „wypełniając mocą tego sakramentu swoje zadania małżeńskie i rodzinne, przeniknięci duchem Chrystusa, który przepaja całe ich życie wiarą, nadzieją i miłością, zbliżają się (...) coraz bardziej do osiągnięcia własnej doskonałości i obopólnego uświęcenia, a tym samym do wspólnego uwielbienia Boga" (*Gaudium et spes*). Papież wskazywał również, że:

"można dążyć do świętości razem, jako para małżeńska, i że jest to droga piękna, niezwykle owocna i ważna z punktu widzenia dobra rodziny, Kościoła i społeczeństwa. Prośmy zatem Pana o coraz liczniejsze pary małżeńskie, które przez świętość swego życia będą potrafiły ukazywać «wielką tajemnicę» miłości małżeńskiej, biorącej początek z dzieła stworzenia, a wypełniającej się w zjednoczeniu Chrystusa z Kościołem (por. Ef 5, 22-33)".

(beatyfikacja Marii i Alozjego Quattrocchi, 21 października 2001 r.)

Biorąc pod uwagę powyższe rozważania, wartość małżeństwa, tego nierozerwalnego związku miłości dwojga osób, nie może być poddawana w wątpliwość. Trzeba jej bronić, trzeba w nią wierzyć. Jak powiedział Jan Paweł II:

„Jakiekolwiek rodziłyby się trudności, nie można rezygnować z obrony tej pierwotnej miłości, która zjednoczyła dwoje ludzi i której Bóg nieustannie błogosławi. Małżeństwo jest drogą świętości, nawet wtedy gdy staje się drogą krzyżową".

(homilia, Stary Sącz, 16 czerwca 1999 r.)

W ramach podsumowania posłużę się słowami Ojca Świętego, który zostawił nam cudowne przesłanie o miłości małżeńskiej. Napisał:

„Życie uczy nas, że miłość, miłość małżeńska, jest zawsze szczególną próbą całego życia. Nie wtedy jest wielka i prawdziwa, kiedy zdaje się łatwa i przyjemna. Wtedy, gdy potwierdza się w próbach życia, podobnie jak „złoto w ogniu". Bardzo ubogie pojęcie o ludzkiej i małżeńskiej miłości miałby ten, kto by myślał, że gdy nadchodzi czas próby, kończy się miłość i radość. To właśnie wtedy uczucia ludzkie ukazują swoją trwałość; to właśnie wtedy umacnia się oddanie i czułość, bo prawdziwa miłość nie myśli o sobie, lecz o tym, jak przyczynić się do dobra ukochanej osoby; jej największą radością jest szczęście tych, których kocha".

(„Miłujcie się", 2005, nr 3)

Modlitwa męża za żonę:

Dobry Boże, dziękuję Ci za moją żonę. Dziękuję za jej miłość, kobiecość, piękno, wrażliwość, widzenie spraw inaczej niż ja. Dziękuję za to, że skrzyżowały się nasze drogi, wybraliśmy siebie nawzajem, a Ty w Sakramencie Małżeństwa pobłogosławiłeś naszą miłość. Panie, daj jej cierpliwość, wyrozumiałość, pokój. Oddaję Ci wszystkie trudne sprawy, które są między nami: spory, nieporozumienia, zwątpienia. Spraw, żebyśmy byli nawzajem dla siebie pomocą, umieli sobie przebaczać i wciąż lepiej siebie rozumieć. Otocz, proszę, moją żonę opieką, strzeż ją od złego i dodawaj jej sił. Chcę być jej wsparciem i obrońcą. Chcę być mężem i ojcem odpowiedzialnym za wychowanie naszych dzieci.

Chcę, żeby była ze mną szczęśliwa. Kocham ją.

Modlitwa żony za męża:

Dziękuję Ci, Panie, za mojego męża. Za jego miłość, za dobro, które mi daje. Za to, że dzięki Sakramentowi Małżeństwa możemy tworzyć jedno Ciało. Zawierzam Ci, Boże, wszystkie jego myśli, gesty, słowa, decyzje, relacje z innymi ludźmi. Oddaję także to, co w nim trudno mi pokochać, co mnie irytuje lub boli. Uświęcaj Boże, naszą miłość. Proszę o wierność dla niego i dla mnie. Proszę o bliskość, która wyrażą i umacnia miłość. Pomóż nam, byśmy się zawsze dobrze rozumieli, potrafili pokonywać trudności, gasić konflikty i przebaczać sobie. Chroń go, Panie, od zła, daj mu silną wiarę i świętość. Błogosław jego pracy. Spraw, aby dzięki mnie mógł stawać się lepszym mężem i ojcem.

Chcę jego szczęścia. Kocham Go.

RODZINA

*Przyszłość ludzkości
idzie poprzez rodzinę!*

św. Jan Paweł II
(Familiaris Consortio)

fot. Deklofenak, źródło: stock.chroma.pl

Papież Franciszek nazwał Jana Pawła II świadkiem piękna rodziny oraz jej niezbywalnej roli w społeczeństwie. Wielokrotnie odwołuje się też we własnych wystąpieniach do jego zaangażowania w wyjaśnianie sensu i natury rodziny jako Kościoła domowego. Kościoła, w którym to małżonkowie tworzą wspólnotę osób, a także poprzez codzienną wierność małżeńskim przyrzeczeniom oraz całkowite i wzajemne obdarowywanie siebie swoją osobą stale się rozwijają. Jak bowiem powiedział ów wielki Polak:

„Wspólnota małżeńska i rodzinna buduje się na zaufaniu wzajemnym. Jest to dobro podstawowe wzajemnych odniesień w rodzinie. Odniesienie wzajemne małżonków – i odniesienie wzajemne rodziców i dzieci. Najgłębszym fundamentem tych odniesień jest ostatecznie to zaufanie, jakim sam Bóg obdarza małżonków, stwarzając ich i powołując ich do życia we wspólnocie małżeńskiej i rodzinnej. (...) Rodzina jest sobą, jeżeli buduje się na takich odniesieniach, na wzajemnym zaufaniu, na zawierzeniu wzajemnym. Tylko na takim fundamencie można też budować proces wychowania, który stanowi podstawowy cel rodziny i jej pierwszorzędne zadanie".

(homilia, Wrocław, 21 czerwca 1983 r.)

W swoich rozważaniach Ojciec Święty wskazywał na opartą na małżeństwie rodzinę jako na podstawową komórką społeczeństwa. Mówił, że „w niej, niczym w bezpiecznym gnieździe, rozwija się życie, którego należy bronić i chronić" (rozważanie, 1 lutego 2004 r.). w swoich naukach odwoływał się także do tego, że:

„Rodzina jest (...) wspólnotą najpełniejszą z punktu widzenia więzi międzyludzkiej. Nie ma więzi, która by ściślej wiązała osoby, niż więź – małżeńska i rodzinna. Nie ma innej, którą można by z tak pełnym pokryciem określić jako „komunię". Nie ma też innej, w której wzajemne zobowiązania byłyby równie głębokie i całościowe, a ich naruszenie godziłoby bardziej boleśnie w ludzką wrażliwość kobiety, mężczyzny, dzieci, rodziców".

(homilia, Kielce-Masłów, 3 czerwca 1991 r.)

Ks. Piotr Kroczek, odnosząc się do nauk papieskich, wskazuje również, że prawa rodziny opierają się na zasadzie jej suwerenności i nie są jedynie sumą praw osób, które ją tworzą. Rodzina to bowiem coś więcej niż każdy człowiek z osobna – to wspólnota rodziców i dzieci, wspólnota wielu pokoleń. Wyrazem takiego przekonania było opublikowanie przez Stolicę Apostolską w 1983 roku Karty Praw Rodziny.

Rodzina zgodnie z zamysłem samego Boga stworzona została jako wspólnota osób (małżonków, dzieci, osób starszych, krewnych), jako *„głęboka wspólnota życia i miłości"*, co stanowi również o istocie jej posłannictwa. Od Stwórcy bowiem otrzymuje misję strzeżenia, objawiania i przekazywania miłości, która sama jest również wewnętrzną zasadą, trwałą mocą i ostatecznym celem tego zadania.

„Miłość pomiędzy mężczyzną i kobietą w małżeństwie i, w formie pochodnej i rozszerzonej, miłość pomiędzy członkami tej samej rodziny – pomiędzy rodzicami i dziećmi, pomiędzy braćmi i siostrami, pomiędzy krewnymi i domownikami – jest ożywiana i podtrzymywana przez wewnętrzny, nieustający dynamizm, prowadzący rodzinę do coraz głębszej i mocniejszej komunii, która jest fundamentem i zasadą wspólnoty małżeńskiej i rodzinnej".

(Familiaris Consortio)

A zatem to miłość ożywia stosunki międzyosobowe poszczególnych członków rodziny, a także stanowi jej wewnętrzną siłę, która nie tylko kształtuje, ale też wzmacnia komunię i wspólnotę rodzinną.

„Kochać rodzinę to znaczy umieć cenić jej wartości i możliwości i zawsze je popierać. Kochać rodzinę, to znaczy poznać niebezpieczeństwa i zło, które jej zagraża, aby móc je pokonać. Kochać rodzinę, to znaczy przyczyniać się do tworzenia środowiska sprzyjającego jej rozwojowi. Zaś szczególną formą miłości wobec dzisiejszej rodziny chrześcijańskiej, kuszonej często zniechęceniem, dręczonej rosnącymi trudnościami, jest „przywrócenie jej zaufania do siebie samej, do własnego bogactwa natury i łaski, do posłannictwa powierzonego jej przez Boga".

(Familiaris Consortio)

Ojciec Święty mówił w kontekście rodziny jako wspólnoty o czterech typach relacji komunijnych w rodzinie: mąż-żona, ojciec-matka, syn-córka, brat-siostra. Chodzi tutaj m.in. o podkreślenie godności i odpowiedzialności kobiety, równej godności i odpowiedzialności mężczyzny. Komunia rodzinna powinna przy tym również otaczać szczególną troską nie tylko małżonków, ale także dziecko. Ponadto, ma za zadanie także pobudzić wszystkich do odkrycia i doceniania zadania osób starszych we wspólnocie świeckiej i kościelnej. Cały „domowy Kościół" jest podmiotem przekazywania Słowa Bożego, od którego przyjęcia niejako uzależnione jest życie chrześcijańskiej rodziny. Jeśli bowiem karmi się tym Słowem w codziennym życiu, to także pełniej jest w niej obecny Jezus Chrystus. W takiej wspólnocie panuje atmosfera dobra, miłości, życzliwości i ukochania samego Zbawiciela. Potwierdzenie czego odnaleźć można w słowach Jana Pawła II:

„Skoro rodzina chrześcijańska jest wspólnotą, której więzy zostały odnowione przez Chrystusa przez wiarę i sakramenty, jej udział w posłannictwie Kościoła winien dokonywać się na sposób wspólnotowy: a więc wspólnie, małżonkowie jako para, rodzice i dzieci jako rodzina winni przeżywać swoją służbę dla Kościoła i dla świata. Powinni być w wierze jako „jeden duch i jedno serce", poprzez ożywiającego ich ducha apostolskiego i poprzez współpracę, która włącza ich w dzieło służenia wspólnocie kościelnej i obywatelskiej".

(Familiaris Consortio)

Przypomina o tym też II Sobór Watykański II, mówiąc: „Rodzina winna dzielić się wspaniałomyślnie swym bogactwem duchowym z innymi rodzinami. Toteż rodzina chrześcijańska, ponieważ powstaje z małżeństwa, będącego obrazem i uczestnictwem w miłosnym przymierzu Chrystusa i Kościoła, przez miłość małżonków, ofiarną płodność, jedność i wierność, jak i przez miłosną współpracę wszystkich członków ujawniać będzie wszystkim żywą obecność Zbawiciela w świecie oraz prawdziwą naturę Kościoła". Do tego, zdaniem Jana Pawła II, rodzina chrześcijańska buduje również Królestwo Boże w dziejach poprzez samą codzienną rzeczywistość, którą określają i wyznaczają jej warunki życiowe, czyli miłość małżeńską i rodzinną.

Elementami integrującymi wspólnoty są przy tym nie tylko miłość, ale także przyjaźń, braterstwo, wzbudzanie nadziei, wzajemne niesienie różnego rodzaju pomocy, świadczenie dobra na każdy dzień, czy też wymiana doświadczeń. Nie ulega bowiem wątpliwości, że życie w miłości jest radosnym orędziem dla każdego człowieka. Do tego człowiek, który potrafi prawdziwie kochać i jest kochany, posiada zdolność do wzbudzania nadziei tak w innych, jak i w sobie samym. Dlatego Papież był zdania, że we współczesnym świecie rodzina nie odegra żadnej roli apostolskiej, o ile sama najpierw nie stanie się dla swoich członków miejscem dobra, nadziei, miłości oraz życzliwości. Rodzina, która jest zwarta, ożywiona duchem nadziei i miłości, może promieniować na zewnątrz samym przykładem życia, stanowić impuls do kierowania się Bożymi przykazaniami. Dlatego też Jan Paweł II wzywał:

„Rodziny, stańcie się tym, czym jesteście. Jesteście żywym obrazem Bożej miłości: spoczywa na was bowiem misja strzeżenia, objawiania i przekazywania miłości, będącej żywym odbiciem i rzeczywistym udzielaniem się miłości Bożej ludzkości oraz miłości Chrystusa Pana Kościołowi, Jego oblubienicy".

(Ecclesia in Europa)

Zgodnie z naukami papieskim rodzina chrześcijańska powinna stanowić zatem szkołę bogatego człowieczeństwa. Bogatego, czyli w pełni jej rozwoju fizycznego, intelektualnego, religijnego i moralnego. Jako „domowy Kościół" ma wprowadzać dziecko w życie wiary i odpowiedzialności za nią, a tym samym uczyć szacunku do drugiego człowieka oraz odpowiedzialności za Kościół i naród. Rodzina jest również niejako uprzywilejowanym miejscem świadczenia sobie wzajemnie wielorakiej pomocy. Jak zauważa bowiem Jan Paweł II:

„obserwuje się świadomość potrzeby zacieśnienia więzów między rodzinami celem niesienia wzajemnej pomocy duchowej i materialnej, pełniejsze odkrycie posłannictwa kościelnego właściwego rodzinie i jej odpowiedzialności za budowanie społeczeństwa bardziej sprawiedliwego".

(Familiaris Consortio)

Rodzinę łączą także żywotne i organiczne więzi ze społeczeństwem – jest wręcz jego podstawą, stale zasilając je swoim posłannictwem służenia życiu. To „w rodzinie przecież rodzą się obywatele i w niej znajdują pierwszą szkołę tych cnót społecznych, które stanowią o życiu i rozwoju samego społeczeństwa". Pierwszy i podstawowy wkład rodziny na rzecz społeczeństwa stanowi zatem doświadczanie komunii oraz uczestnictwa w jej codziennym życiu. Członkowie rodzinnej wspólnoty wzajemnie się przy tym inspirują, kierując się „prawem bezinteresowności", „które szanując i umacniając we wszystkich i w każdym godność osobistą jako jedyną rację wartości, przybiera postać serdecznego otwarcia się, spotkania i dialogu, bezinteresownej gotowości służenia, wielkodusznej służby i głębokiej solidarności". Dzięki temu autentyczna i dojrzała komunia osób w rodzinie się umacnia, stając się pierwszą i niezastąpioną szkołą życia społecznego, „przykładem oraz bodźcem dla szerszych kontaktów społecznych w duchu szacunku, sprawiedliwości, dialogu i miłości" (Familiaris Consortio).

„W Kościele wspólnota rodzinna uświadamia sobie, że jest małym Kościołem, złożonym z grzeszników, którzy dostąpili przebaczenia i idą drogą świętości, znajdując oparcie w tych, których Bóg połączył się w jednej rodzinie".

(list do Équipes Notre Dame, Watykan, 27 listopada 1997 r.)

Rodzina powołana została zatem do świętości, ku której prowadzi ją Duch Boży. Papież mówił, że odzwierciedleniem tego są:

„słowa św. Pawła: «Albowiem wszyscy ci, których prowadzi Duch Boży, są synami Bożymi» (Rz 8, 14). Jeśli Duch Święty jest duszą Kościoła (por. Lumen gentium, 7), to winien być także duszą rodziny, małego Kościoła domowego. Dla każdej komórki rodzinnej winien być wewnętrznym źródłem żywotności i energii, która podsyca nieustannie płomień małżeńskiej miłości, wyrażającej się we wzajemnym darze małżonków".

(przemówienie do uczestników zgromadzenia plenarnego Papieskiej Rady ds. Rodziny, 4 czerwca 1999 r.)

Aby jednak rodzina mogła ewangelizować innych, musi najpierw, zdaniem Jana Pawła II, sama czerpać siłę z liturgii Kościoła – głębiej ją poznać, by móc ją przeżywać. „Domowy Kościół" powinien w swoim wnętrzu rozwijać życie modlitwy, a także kształtować drogi do dialogu wiary. To rodzina powinna z przekonaniem i radością przekazywać wiarę w Chrystusa nowym pokoleniom. Papież nauczał bowiem, że:

„Komórka rodzinna powinna być pierwszym środowiskiem, w którym przyjmuje się, pielęgnuje i chroni pokój Chrystusa. Jednak w naszych czasach bez modlitwy coraz trudniej jest rodzinom realizować to powołanie. Dlatego właśnie byłoby dobrze powrócić do pięknego zwyczaju odmawiania różańca w domu, jaki panował jeszcze w poprzednich pokoleniach. „Rodzina, która modli się zjednoczona, zjednoczona pozostaje".

(katecheza, 29 października 2003 r. Rosarium Virginis Mariae, 41)

Prawda, że niewiele jest innych wspólnie podejmowanych działań, które miałyby na rodzinę głębszy wpływ niż wspólna modlitwa?
Ojciec Święty podkreślał, że:

„Modlitwa rodzinna ma swoje cechy charakterystyczne. Jest modlitwą wspólną męża i żony, rodziców i dzieci. Komunia w modlitwie jest jednocześnie owocem i wymogiem owej komunii, otrzymanej w sakramentach chrztu i małżeństwa. Do członków rodziny chrześcijańskiej można w sposób szczególny odnieść słowa, w których Chrystus obiecał swą obecność: „zaprawdę powiadam wam: Jeśli dwaj z was na ziemi zgodnie o coś prosić będą, to wszystkiego użyczy im mój Ojciec, który jest w niebie. Bo gdzie są dwaj albo trzej zebrani w imię moje, tam jestem pośród nich".

(Familiaris Consortio)

Dzięki modlitwie wspólnota rodzin zaprasza Chrystusa, aby był pośrodku niej: małżonków, rodziców i dzieci. Kiedy domy stają się miejscami modlitwy, są jednocześnie domami, „w których rodziny pogodnie żyją w obecności Boga", „które dzielą się z bliźnimi gościnnością, modlitwą i oddawaniem chwały Bogu". Papież szczególnie mocno podkreślał tę kwestię:

„Chrześcijańska rodzina powinna się wyróżniać jako środowisko wspólnej modlitwy, w którym wolność synów pozwala wszystkim zwracać się do Boga i wzywać Go poufałym imieniem «Ojcze nasz!» Duch Święty pomaga nam odkryć oblicze Ojca jako doskonały wzorzec ojcostwa w rodzinie".

(przemówienie do uczestników zgromadzenia plenarnego Papieskiej Rady ds. Rodziny, 4 czerwca 1999 r.)

Modlitwa wspólnoty rodzinnej może również stawać się przestrzenią wspólnej i wzajemnej pamięci, gdyż jak napisał Ojciec Święty:

„rodzina wszakże jest wspólnotą pokoleń. Trzeba, ażeby w modlitwie wszyscy byli obecni – i ci, którzy żyją, i ci którzy już odeszli, i ci także którzy mają przyjść na świat. Trzeba, aby każdy człowiek był w rodzinie „omadlany" na miarę dobra, jakie stanowi – na miarę dobra, jakim jest dla niego rodzina i on dla rodziny. Modlitwa najpełniej potwierdza to dobro, potwierdza jako dobro wspólne rodziny. Modlitwa też wciąż na nowo daje temu dobru początek. W modlitwie rodzina odnajduje się jako pierwsze „my", w którym każdy jest „ja" i „ty". Tym są dla siebie wzajemnie: mężem lub żoną, ojcem lub matką, synem lub córką, bratem lub siostrą, dziadkiem lub wnukiem".

(Gratissimam Sane)

Jan Paweł II zwracał też uwagę na to, że:

„Rodzina, która odmawia razem różaniec, odtwarza poniekąd klimat domu w Nazarecie: Jezusa stawia się w centrum, dzieli się z Nim radości i cierpienia, w Jego ręce składa się potrzeby i projekty, od Niego czerpie się nadzieję i siłę na drogę. Czymś pięknym i owocnym jest także powierzenie tej modlitwie drogi wzrastania dzieci. Coraz trudniej jest dziś rodzicom nadążyć za dziećmi na

różnych etapach ich życia. W społeczeństwie rozwiniętej technologii, środków masowego przekazu i globalizacji wszystko stało się tak szybkie, a różnice kulturowe między pokoleniami coraz bardziej się zwiększają. Najróżniejsze przesłania i doświadczenia najmniej dające się przewidzieć prędko wkraczają w życie dzieci i młodzieży, a rodzice przeżywają nieraz udrękę, stając wobec grożących im niebezpieczeństw. Nierzadko doznają bolesnych rozczarowań, obserwując niepowodzenia swych dzieci ulegających ułudzie narkotyków, powabom rozpasanego hedonizmu, pokusom przemocy, najprzeróżniejszym przejawom bezsensu i rozpaczy".

("Miłujcie się," 2005, nr 3)

Czyhające na rodzinę niebezpieczeństwa i pokusy sprawiają, że powinna ona stać, zdaniem Papieża, na straży czystości serca:

„Trzeba, aby rodzina stanęła zdecydowanie w obronie czystości swoich progów domowych, w obronie godności każdej osoby. (...) Wychowanie do czystości jest jednym z wielkich zadań ewangelizacyjnych, jakie stoją obecnie przed nami. Im czystsza będzie rodzina, tym zdrowszy będzie naród".

(homilia, Sandomierz, 12 czerwca 1999 r.)

Rodzina, według Ojca Świętego, powinna również ufać w Bożą pomoc:

„Ponadto godność i odpowiedzialność rodziny chrześcijańskiej jako „Kościoła domowego" mogą być przeżywane jedynie przy nieustannej pomocy Bożej, która zawsze zostanie udzielona, jeżeli wyprosi się ją w pokornej i ufnej modlitwie".

(Familiaris Consortio)

Dzięki modlitwie rodzina może się zatem umocnić w swojej wspólnocie i komunii.

Ks. Tadeusz Syczewski w swojej opartej na naukach papieskich pracy *Zadania rodziny chrześcijańskiej w świecie współczesnym* wyraził przekonanie, że za budowanie dzień po dniu komunii osób odpowiedzialny jest każdy człowiek, oczywiście na miarę swoich możliwości i zdolności. Dzięki temu tworzy się z rodziny *„szkołę bogatszego człowieczeństwa"*. Zadanie to realizuje się szczególnie przez łaskę i miłość wobec dzieci, chorych i starszych, a przede wszystkim poprzez wzajemną codzienną służbę wszystkich członków rodziny. Istotną rolę odgrywa w tym względzie postawa dzielenia się nie tylko dobrami, ale także radościami i cierpieniami. Dla rodziców jest to prawdziwa służba, czyli posługa podporządkowana dobru ludzkiemu i chrześcijańskiemu dzieci, dzięki czemu umożliwia się im osiągnięcie prawdziwie odpowiedzialnej wolności.

W związku z powyższym Jan Paweł II zwracał się do rodziców tymi słowami:

„nie jest łatwo w dzisiejszych czasach stworzyć chrześcijańskie warunki potrzebne do wychowania dzieci. Musicie czynić wszystko, aby Bóg był obecny i czczony w waszych rodzinach. (...) Jesteście dla swoich dzieci pierwszymi nauczycielami modlitwy i cnót chrześcijańskich i nikt was w tym nie może zastąpić. Zachowujcie religijne zwyczaje i pielęgnujcie tradycję chrześcijańską, uczcie [wasze] dzieci szacunku dla każdego człowieka. Niech waszym największym pragnieniem będzie wychowanie młodego pokolenia w łączności z Chrystusem i Kościołem. Tylko w ten sposób dochowacie wierności waszemu powołaniu rodzicielskiemu i potrzebom duchowym waszych dzieci.

Dobro młodego pokolenia niech będzie troską waszego życia i waszej pracy wychowawczej. Zachęcam was – mówi święty Paweł – abyście postępowali w sposób godny powołania (...) celem budowania Ciała Chrystusowego (Ef 4, 1. 12). Czyż może być większe powołanie od tego, którym Bóg was obdarzył?".

(homilia, Łowicz, 14 czerwca 1999 r.)

Z kolei poprzez miłość, szacunek i posłuszeństwo wobec swoich rodziców także dzieci wnoszą swój niezastąpiony wkład w budowanie rodziny. Przypominał im o tym Ojciec Święty:

"Nie lękajcie się wejść na drogę waszego powołania, nie lękajcie się szukać prawdy o sobie i otaczającym was świecie. Tak bardzo bym chciał, abyście wszyscy mieli w waszych domach atmosferę prawdziwej miłości. Bóg dał wam rodziców i za ten wielki dar winniście Panu Bogu często dziękować. Szanujcie i miłujcie waszych rodziców. Oni was zrodzili i wychowują. Oni są dla was zastępcami Boga Stwórcy i Ojca. Są też, powinni być, dla was najbliższymi przyjaciółmi, u których winniście szukać pomocy i rady w waszych życiowych problemach. (...)

Wiek wasz jest porą życia najbardziej korzystną dla zasiewów i przygotowania gruntu pod przyszłe zbiory. Im żywsze będzie zaangażowanie, z jakim podejmiecie wasze obowiązki, tym lepiej i skuteczniej będziecie spełniać wasze posłannictwo w przyszłości. (...) Prawdziwie wielki jest ten człowiek, który chce się czegoś nauczyć".

(homilia, Łowicz, 14 czerwca 1999 r.)

Na codzienność rodziny obok różnych obowiązków składa się również życie duchowe, o którym Papież mówił:

"W »codzienności« Bóg wzywa nas, abyśmy dążyli do owej dojrzałości życia duchowego, życia duchowego, która polega właśnie na przeżywaniu zwykłych spraw w sposób nadzwyczajny.

Świętość osiąga się bowiem przez naśladowanie Jezusa, bez uciekania od rzeczywistości i jej prób, lecz stawiając im czoło ze światłem i mocą Jego Ducha".

(rozważanie, 1 września 2002 r.)

Niejednokrotnie Jan Paweł II powtarzał, by rodziny dbały o ten duchowy aspekt życia wspólnoty:

"*coraz więcej osób i rodzin korzysta z wakacji, aby spędzić kilka dni w tak zwanych „Ośrodkach duchowości" – klasztorach, sanktuariach, domach rekolekcyjnych. Zazwyczaj w miejscach tych można nie tylko nacieszyć się pięknem naturalnego otoczenia, ale także wzbogacić się duchowo dzięki spotkaniu z Bogiem przez refleksję i milczenie, przez modlitwę i kontemplację. Jest to bardzo zdrowa tendencja, która nie powinna pozostać ograniczona do okresu wakacyjnego.*

Należałoby znaleźć odpowiednie formy, aby praktyka ta mogła towarzyszyć codziennemu życiu także w innych okresach roku. Prawdziwym problemem jest bowiem zachowanie wewnętrznej harmonii, tak aby nasza zwykła egzystencja miała zawsze ów wymiar nadprzyrodzony, którego każdy z nas potrzebuje".

(Gratissimam Sane)

Papież wspomniał w swoich słowach o okresie wakacyjnym, który odgrywa ważną rolę w życiu rodziny, gdyż jej członkowie mogą wówczas spędzać ze sobą więcej czasu. Jest to niezwykle istotne w dniu dzisiejszym, gdy cały świat pędzi do przodu, gdy panuje pośpiech i ciągły brak czasu. Każdy zajmuje się sobą i swoimi sprawami – szkołą, pracą, pogonią za karierą... Gdzie w tym wszystkim czas dla rodziny? Gdzie miejsce dla zacieśniania więzi z bliskimi, tworzenie prawdziwej wspólnoty? Dlatego tym bardziej trzeba doceniać okres wolny od zajęć i poświęcać go nie tylko na osobisty rozwój i relaks, ale także na wspólne przebywanie i obdarowywanie się sobą. Jan Paweł II napisał, że:

„Trzeba mądrze korzystać z wakacji i ferii, aby służyły dobru jednostki i rodziny przez to, że umożliwiają kontakt z przyrodą, zapewniają spokój, dają czas na kultywowanie zgodnego życia rodzinnego, na wartościową lekturę i na zdrowe rozrywki, nade wszystko zaś pozwalają poświęcić się w większej mierze modlitwie, kontemplacji i słuchaniu głosu Bożego".

(rozważanie, 23 lipca 2000 r.)

Oczywiście nie oznacza to, że powinniśmy zrezygnować z pracy czy nauki, gdyż są one niezbędne do właściwego funkcjonowania w świecie. Chodzi o to, by odpowiednio ustalić priorytety w życiu i znaleźć czas na to, co jest naprawdę ważne i wartościowe. Sama praca zaś musi też być godna i dbać o człowieka jako osobę. Ojciec Święty poucza, że:

„Praca ludzka nie może być traktowana tylko jako siła potrzebna dla produkcji – tak zwana „siła robocza". Człowiek nie może być widziany jako narzędzie produkcji. Człowiek jest twórcą pracy i jej sprawcą. Trzeba uczynić wszystko, ażeby praca nie straciła swojej właściwej godności. Celem bowiem pracy – każdej pracy – jest sam człowiek. Dzięki niej winien się udoskonalać, pogłębiać swoją osobowość. Nie wolno nam zapominać – i to chcę z całą podkreślić – że praca jest „dla człowieka", a nie człowiek „dla pracy".

(Laborem exercens, 1981)

Dlatego też:

„Wielkie zadania stawia przed nami Pan Bóg, domagając się od nas świadectwa na polu społecznym. Jako chrześcijanie, jako ludzie wierzący, musimy uwrażliwiać nasze sumienia na wszelkiego rodzaju niesprawiedliwość czy formy wyzysku lub zakamuflowania".

(homilia, Legnica, 2 czerwca 1997 r.)

Papież dodaje również:

„A zatem należy czynić wszystko, aby stworzyć rzeczywiste możliwości zatrudnienia dla wszystkich, zapewniając zarazem każdemu odpowiednie wynagrodzenie. Koniecznie jest również zatroszczenie się o taki system wykonywania pracy, który nie zaburza równowagi osobistej i rodzinnej. I nie przeszkadza w harmonijnej realizacji planów życiowych każdego człowieka".

(przemówienie do uczestników konferencji ACLI,
27 kwietnia 2002 r.)

Ojciec Święty uznaje rodzinę również za najważniejszą drogę w życiu, jaką powinien podążać każdy człowiek. To ona bowiem wyznacza istotę naszego człowieczeństwa i pozwala nam się osobowo rozwijać. Z nauk papieskich wynika zatem, że:

„Pośród tych wielu dróg rodzina jest drogą pierwszą i z wielu względów najważniejszą. Jest drogą powszechną, pozostając za

każdym razem drogą szczególną, jedyną i niepowtarzalną, tak jak niepowtarzalny jest każdy człowiek. Rodzina jest tą drogą, od której nie może on się odłączyć. Wszak normalnie każdy z nas w rodzinie przychodzi na świat, można więc powiedzieć, że rodzinie zawdzięcza się sam fakt bycia człowiekiem. A jeśli w tym przyjściu na świat oraz we wchodzeniu w świat człowiekowi brakuje rodziny, to jest to zawsze wyłom i brak nad wyraz niepokojący i bolesny, który potem ciąży na całym życiu".

(Gratisssimam sane, 2)

Mając na uwadze zawsze i wyłącznie dobro rodziny, Jan Paweł II ubolewał często nad przemianami społecznymi i kulturowymi, pod wpływem których znajdują się współczesne rodziny. Niektóre z nich są w stanie dochowywać wierności wartościom stanowiącym fundament instytucji rodzinnej, inne nie – są zagubione, niepewne, wątpiące. Zatracają świadomość ostatecznego znaczenia i prawdy życia rodzinnego i małżeńskiego. Często u korzeni tych negatywnych objawów leży błędne pojmowanie i przeżywanie wolności – wolności rozumianej jako autonomiczna siła nastawiona na dążenie do własnego, egoistycznego dobra, które nieraz bywa skierowana przeciwko innym.

„Z jednej strony ma się bowiem do czynienia z żywszym poczuciem wolności osobistej, jak również ze zwróceniem większej uwagi na jakość stosunków międzyosobowych w małżeństwie, na podnoszenie godności kobiety, na odpowiedzialne rodzicielstwo, na wychowanie dzieci; prócz tego obserwuje się świadomość potrzeby zacieśnienia więzów między rodzinami celem niesienia wzajemnej pomocy duchowej i materialnej, pełniejsze odkrycie posłannictwa kościelnego właściwego rodzinie i jej odpowiedzialności za budowanie społeczeństwa bardziej sprawiedliwego. Z drugiej jednak strony nie brakuje niepokojących objawów degradacji niektórych podstawowych wartości: błędne pojmowanie w teorii i praktyce niezależności małżonków we wzajemnych odniesieniach; duży zamęt w pojmowaniu autorytetu rodziców i dzieci; praktyczne trudności, na które często napotyka rodzina w przekazywaniu wartości; stale wzrastająca liczba

rozwodów, plaga przerywania ciąży, coraz częstsze uciekanie się do sterylizacji; faktyczne utrwalanie się mentalności przeciwnej poczęciu nowego życia".

(Familiaris Consortio)

„Czasy, w których żyjemy, ujawniają tendencję do kurczenia się rodziny do więzi tylko dwupokoleniowej. Zdarza się to często na skutek trudności mieszkaniowych, przede wszystkim w wielkich miastach. Nierzadko jednak przyczyną jest tu przekonanie, iż więcej pokoleń pod jednym dachem przeszkadza intymności i stwarza trudności życiowe. Ale właśnie ten punkt jest najsłabszy: jest mało ludzkiego życia w naszych współczesnych rodzinach. Dobra wspólnego nie ma z kim wspólnie tworzyć – i nie ma wśród kogo tego dobra rozdzielać. (...)

Jeszcze jedną cechą kontekstu kulturowego, w jakim żyjemy, jest skłonność wielu rodziców, by wyrzekać się właściwej sobie roli i przyjmować postawę zwykłych przyjaciół swoich dzieci, co oznacza, że nie napominają ich i nie strofują nawet wówczas, gdy powinni to czynić – z miłością i czułością – aby wychować je w prawdzie. (...) [a przecież] Rodzice powinni być we wspólnocie rodzinnej przedstawicielami dobrego Ojca – jedynego doskonałego wzoru, którym należy się inspirować".

(przemówienie do uczestników zgromadzenia plenarnego Papieskiej Rady ds. Rodziny, 4 czerwca 1999 r.)

Na rodzinach chrześcijańskich ciąży zatem ogromny obowiązek, by przeciwdziałać wszelkim problemom, a w razie konieczności rozwiązywać je w miarę swoich możliwości. W przeciwnym razie ucierpią na tym nie tylko rodzinne wspólnoty, ale całe społeczeństwo, naród, a nawet świat. Pamiętajmy słowa Jana Pawła II, który podkreślał, że **"poprzez rodzinę przepływa główny nurt cywilizacji miłości.** Jeżeli cywilizacja ta nie ma pozostać utopią, w takim razie w rodzinie powinna szukać swych „społecznych podstaw" (*Gratissimam Sane*).

Na koniec opartych na papieskich naukach rozważań o rodzinie chciałabym podzielić się z Wami słowami Ojca Świętego, które są mi szczególnie bliskie:

„ani na chwilę nie zapominajcie o tym, jak wielką wartością jest rodzina.

Dzięki sakramentalnej obecności Chrystusa, dzięki dobrowolnie złożonej przysiędze, w której małżonkowie oddają się sobie wzajemnie, rodzina jest wspólnotą świętą. Jest komunią osób zjednoczonych miłością, o której św. Paweł tak pisze: «miłość współweseli się z prawdą, wszystko znosi, wszystkiemu wierzy, we wszystkim pokłada nadzieję, wszystko przetrzyma i nigdy nie ustaje» (por. 1 Kor 13, 6-8). Miłość nigdy nie ustaje. Każda rodzina może zbudować taką miłość. Ale można ją osiągnąć w małżeństwie tylko i wyłącznie wtedy, jeżeli małżonkowie stają się (...) «bezinteresownym darem z siebie samego», bezwarunkowo i na zawsze, nie stawiając żadnych ograniczeń.

Ta miłość małżeńska, rodzicielska, rodzinna jest ciągle uszlachetniana, jest doskonalona przez wspólne troski i radości, przez wspieranie się wzajemne w chwilach trudnych. Zapomina o sobie samym dla dobra umiłowanego człowieka. Prawdziwa miłość nigdy nie wygasa. Staje się źródłem siły i wierności małżeńskiej. Rodzina chrześcijańska, wierna swemu sakramentalnemu przymierzu, staje się autentycznym znakiem bezinteresownej i powszechnej miłości Boga do ludzi. Ta miłość Boga stanowi duchowe centrum rodziny i jej fundament. Poprzez taką miłość rodzina powstaje, rozwija się, dojrzewa i staje się źródłem pokoju i szczęścia dla rodziców i dla dzieci. Jest prawdziwym środowiskiem życia i miłości".

(homilia, Kalisz, 4 czerwca 1997 r.)

Z tych słów wypływa cała prawda o rodzinie, jej istocie i powinnościach. O jej fundamencie i duchowym centrum mającym swoje źródło w miłości Boga-Ojca. O mocy daru z samego siebie. O cywilizacji miłości. O nas samych...

A zatem „ani na chwilę nie zapominajcie o tym, jak wielką wartością jest rodzina". Miłujcie się, otaczajcie troską, bądźcie dla siebie oparciem. Twórzcie wspólnotę zgodną z Bożym posłannictwem i dawajcie świadectwo prawdy, miłości i życia. Trwajcie – dla małżonka, rodziców, dzieci. Trwajcie dla wszystkich kolejnych pokoleń. Trwajcie dla przyszłości – bo „przyszłość ludzkości idzie poprzez rodzinę"...

DZIECKO

*Troska o dziecko jest pierwszym
i podstawowym sprawdzianem
stosunku człowieka do człowieka.*

św. Jan Paweł II

fot. Andrzej J. Gojke

Zgodnie z Bożym zamysłem małżeństwo stanowi podstawę szerszej wspólnoty rodzinnej, gdyż już sama instytucja małżeństwa, podobnie jak miłość małżonków skierowane są ku potomstwu i jego wychowaniu, będącymi ich uwieńczeniem. Jak powiedział Jan Paweł II:

„W swej najgłębszej rzeczywistości miłość jest istotowo darem, a miłość małżeńska, prowadząc małżonków do wzajemnego „poznania", które czyni z nich „jedno ciało", nie wyczerpuje się wśród nich dwojga, gdyż uzdalnia ich do największego oddania, dzięki któremu stają się współpracownikami Boga, udzielając daru życia nowej osobie ludzkiej. W ten sposób małżonkowie, oddając się sobie, wydają z siebie nową rzeczywistość – dziecko, żywe odbicie ich miłości, trwały znak jedności małżeńskiej oraz żywą i nierozłączną syntezę ojcostwa i macierzyństwa".

(Familiaris Consortio)

A kiedy małżonkowie staną się już rodzicami, otrzymują od Boga dar nowej odpowiedzialności, gdyż mają przez swoją miłość rodzicielską stanowić dla swoich dzieci widzialny znak tej samej miłości Boga-Ojca. Z owej odpowiedzialności, z tego pierwotnego powołania kobiety i mężczyzny do uczestnictwa w Bożym dziele stworzenia wypływa również zadanie wychowania potomstwa. Jeśli rodzi się w miłości i dla miłości nowego człowieka, który sama w sobie powołany jest do wzrostu i rozwoju, matka i ojciec podejmują tym samym zadanie umożliwienia mu w pełni ludzkiego życia. Przypomniał o tym Sobór Watykański II:

„Rodzice, ponieważ dali życie dzieciom, w najwyższym stopniu są obowiązani do wychowania potomstwa i dlatego muszą być uznani za pierwszych i głównych jego wychowawców. To zadanie wychowawcze jest tak wielkiej wagi, że jego ewentualny brak z trudnością dałby się zastąpić. Do rodziców bowiem należy stworzyć taką atmosferę rodzinną, przepojoną miłością i szacunkiem dla Boga i ludzi, aby sprzyjała całemu osobistemu i społecznemu wychowaniu dzieci. Dlatego rodzina jest pierwszą szkołą cnót społecznych, potrzebnych wszelkim społecznościom".

Czym zaś jest wychowanie? Na czym polega? Aby właściwie odpowiedzieć na to pytanie, nie da się pominąć dwóch fundamentalnych prawd. Pierwsza z nich mówi, że człowiek został powołany do życia w prawdzie i miłości, a druga, że każda osoba ludzka urzeczywistnia siebie poprzez bezinteresowny dar złożony z siebie samego. Odnosi się to przy tym tak wychowawców, jak i wychowywanych. Ojciec Święty napisał, że:

„Bezpośrednimi wychowawcami w stosunku do swoich dzieci pozostają zawsze na pierwszym miejscu rodzice. (…) mają też w tej dziedzinie pierwsze i podstawowe uprawnienia. Są wychowawcami, ponieważ są rodzicami".

(Gratissimam Sane)

Zdarza się jednak, że czasami rodzice, nie mogąc zaspokoić wszystkich zapotrzebowań wychowawczych (np. całościowego wykształcenia czy uspołecznienia), dzielą się zadaniem wychowania dziecka z innymi ludźmi, instytucjami czy Kościołem – zgodnie z zasadą pomocniczości. Pomocniczość wspierana miłością rodzicielską odpowiada przy tym dobru rodziny. W ten sposób miłość rodzicielska jest dopełniania, a jej fundamentalny charakter zostaje potwierdzony, zwłaszcza że pozostali uczestnicy procesu wychowawczego działają na zlecenie rodziców i za ich zgodą.

Wspomniany proces wychowawczy prowadzi do pewnej dojrzałości psychofizycznej – wówczas człowiek zaczyna „wychowywać się sam". Papież pisał o tym zjawisku tak:

„Z biegiem czasu owo samowychowanie przerośnie poniekąd dotychczasowy proces wychowawczy. Przerastając, nie przestaje jednak w dalszym ciągu z niego wyrastać. Młody człowiek spotyka nowe osoby i nowe środowiska, a w szczególności nauczycieli i kolegów w szkole, którzy zaczynają odgrywać w jego życiu wpływ wychowawczy, dodajmy: dodatni albo ujemny. W tym nowym kontakcie występuje pewien dystans czy nawet sprzeciw w stosunku do wychowania rodzicielskiego, w stosunku do rodziny. Mimo wszystko jednak proces samowychowania w zasadniczej mierze

potwierdza to, co dokonało się w dziecku, chłopcu czy dziewczynie, poprzez wychowanie w rodzinie i w szkole. Nawet przeobrażając się, odchodząc we własnym kierunku, młody człowiek pozostaje nadal w orbicie swych egzystencjalnych korzeni".

(Gratissimam Sane)

Wychowanie ma zatem, według Ojca Świętego, ogromne znaczenie. Składa się na nie bowiem nie tylko proces kształcenia i uspołeczniania, ale także miłość rodzicielska, opieka i troska, które są niezwykle istotne dla prawidłowego rozwoju małego człowieka.

„W rodzinie, wspólnocie osób, szczególną troską winno być otoczone dziecko; należy rozwijać głęboki szacunek dla jego godności osobistej, oraz ze czcią i wielkodusznie służyć jego prawom. Odnosi się to do każdego dziecka, ale szczególnie ważkie staje się wobec dziecka małego, wymagającego opieki całkowitej, wobec dziecka chorego, cierpiącego lub upośledzonego".

(Familiaris Consortio)

„Troszcząc się o każde dziecko przychodzące na świat i otaczając je czułą i rzetelną opieką, Kościół wypełnia swoje podstawowe posłannictwo; powołany jest bowiem do objawiania i przedstawiania na nowo w dziejach przykładu i przykazania Chrystusa Pana, który postawił dziecko w samym centrum Królestwa Bożego, mówiąc: Dopuśćcie dzieci i nie przeszkadzajcie im przyjść do Mnie; do takich bowiem należy królestwo niebieskie".

(Familiaris Consortio)

Czwarte przykazanie Boże mówi: „Czcij ojca swego i matkę swoją". Aby jednak dzieci mogły wypełnić yoprzykazanie, muszą być przez rodziców najpierw uważane i przyjmowane jako dar od Boga. Ojciec Święty uważał bowiem, że:

„każde dziecko jest darem Boga. Dar to trudny niekiedy do przyjęcia, ale zawsze dar bezcenny.

Bóg obdarzył was, rodzice, szczególnym powołaniem. By zachować życie ludzkie na ziemi, powołał do istnienia społeczność rodzinną. To wy jesteście pierwszymi stróżami i opiekunami życia jeszcze nie narodzonego, ale już poczętego. Przyjmujcie dar życia jako największą łaskę Boga, jako Jego błogosławieństwo dla rodziny, dla narodu i Kościoła".

("Miłujcie się", 2005, nr 3)

Jan Paweł II często nazywał dzieci wiosną rodziny i społeczeństwa (przemówienie do uczestników zgromadzenia plenarnego Papieskiej Rady ds. Rodziny, 4 czerwca 1999 r.) i wskazał, że „wielka i szlachetna jest misja ojców i matek, powołanych, aby współdziałać z Ojcem niebieskim w przekazywaniu życia nowym istotom ludzkim, dzieciom Bożym". Co oznacza jednak metafora, że „dzieci są wiosną"? Papież odniósł się do tej kwestii następująco:

„Wprowadza nas ona w atmosferę pełną życia, kolorów, światła i śpiewu, jaka kojarzy nam się z wiosną. To wszystko w naturalny sposób obecne jest w dzieciach. Dzieci są nadzieją, która rozkwita wciąż na nowo (...) Przychodząc na świat, przynoszą z sobą orędzie życia, które wskazuje na pierwszego Stwórcę życia. We wszystkim od nas uzależnione, zwłaszcza na wczesnych etapach życia, są naturalnym wezwaniem do solidarności".

(Jubileusz Rodzin, 14 października 2000 r.)

„Radość, jaką dla każdego z nas stanowią dzieci, [to] wiosna życia, zadatek przyszłości każdej dzisiejszej ojczyzny. Żaden kraj na świecie, żaden system polityczny nie może myśleć o swej przyszłości inaczej, jak tylko poprzez wizję tych nowych pokoleń, które przejmą od swoich rodziców wielorakie dziedzictwo wartości, zadań i dążeń zarówno własnego narodu, jak też całej rodziny ludzkiej. (...) I dlatego też, czegóż można bardziej życzyć każdemu narodowi i całej ludzkości, wszystkim dzieciom świata, jeśli nie owej lepszej przyszłości, w której poszanowanie praw człowieka stanie się pełną rzeczywistością w wymiarach nadchodzącego roku?".

(Familiaris Consortio)

Dziecko

„Przyjęcie, miłość, szacunek, wieloraka i jednolita służba – materialna, uczuciowa, wychowawcza, duchowa – każdemu dziecku, które przychodzi na ten świat, winny stanowić zawsze charakterystyczną i nieodzowną cechą chrześcijan, a zwłaszcza rodzin chrześcijańskich tak, aby dzieci mając możliwość wzrastania „w mądrości, w latach i w łasce u Boga i u ludzi", wnosiły swój cenny wkład w budowanie wspólnoty rodzinnej i w samo uświęcenie rodziców".

(Familiaris Consortio)

„Czyż bowiem dzieci nie poddają nieustannie rodziców swoistemu egzaminowi? Czynią to nie tylko przez częste zadawanie pytań, ale także samym wyrazem twarzy, czasem roześmianej, a czasem zasmuconej. W cały ich sposób bycia, czasem nawet w ich dziecięce kaprysy, są jak gdyby wpisane pytania, wypowiadane w najróżniejsze sposoby, które moglibyśmy odczytać na przykład tak: mamo, tato, czy mnie kochacie? Czy naprawdę jestem dla was darem?

Czy akceptujecie mnie takiego, jaki jestem? Czy zabiegacie zawsze o moje prawdziwe dobro?

Te pytania zadawane są może bardziej oczyma niż słowami, ale uświadamiają rodzicom ich wielką odpowiedzialność i są dla nich jak gdyby echem głosu Bożego".

(Jubileusz Rodzin, 14 października 2000 r.)

Ojciec Święty wskazywał też, że dzieci są otwarte i szczere w swoich intencjach, że mają ogromną moc przekazu, że mogą stanowić drogowskaz także dla dorosłych ludzi. Pisał m.in.:

„Jakże ogromną siłę ma modlitwa dziecka! Staje się ona czasem wzorem dla dorosłych: modlić się z prostotą i całkowitą ufnością, to znaczy zwracać się do Boga tak, jak czynią to dzieci".

(list do dzieci Tra pochi giorno, 13 grudnia 1994 r.)

A zatem nie tylko dzieci mogą się uczyć od dorosłych, ale i dorośli mogą się wiele nauczyć od dzieci. Nie zmienia to jednak faktu, że to do rodziców należy misja kierowania losem swoich dzieci. Jak bowiem powiedział Jan Paweł II:

„W tej refleksji nie możecie też uniknąć fundamentalnego pytania o waszą misję wychowawczą. Skoro daliście życie dzieciom, macie też obowiązek wspomagać je – w sposób odpowiedni dla ich wieku – w wyborze drogi i podejmowaniu życiowych decyzji, respektując wszystkie ich prawa".

(Jubileusz Rodzin, 14 października 2000 r.)

Wychowawcza misja rodziców ma również ważne znaczenie w kontekście państwa, gdyż to matka i ojciec wpajają w dziecko patriotyzm, lojalność, ideę poświęcenia i służenia narodowi. Ojciec Święty pisał:

„Starajmy się rozwijać i pogłębiać w sercach dzieci i młodzieży uczucia patriotyczne i więź z Ojczyzną. Wyczulać na dobro wspólne narodu i uczyć ich odpowiedzialności za przyszłość.

Wychowanie młodego pokolenia w duchu miłości Ojczyzny ma wielkie znaczenie dla przyszłości narodu. Nie można bowiem służyć dobrze narodowi, nie znając jego dziejów, bogatej tradycji i kultury. Polska potrzebuje ludzi otwartych na świat, ale kochających swój rodzinny kraj".

(homilia, Łowicz, 14 czerwca 1999 r.)

Jan Paweł II niejednokrotnie zwracał się też bezpośrednio do dzieci i młodzieży, uwielbiał z nimi zarówno żartować, jak i rozmawiać na różne ważne tematy. W jednym z wystąpień prosił dzieci przeżywające czas I Komunii Świętej o modlitwę za rówieśników doświadczających wielorakich cierpień:

„Drodzy przyjaciele, niezapomnianym spotkaniem z Panem Jezusem jest bez wątpienia I Komunia Święta. Dzień, który wspomina się jako jeden z najpiękniejszych w życiu. Jest to wielkie święto rodziny. Jest to także wielka uroczystość w parafii. Mam jeszcze w pamięci ten dzień, kiedy w gronie rówieśników i rówieśnic przyjmowałem po

raz pierwszy Eucharystię w moim parafialnym kościele. Pragnę powierzyć waszej modlitwie, drodzy mali przyjaciele, nie tylko sprawy waszej rodziny, ale wszystkich rodzin na świecie. Papież bardzo liczy na wasze modlitwy. Musimy się razem modlić, ażeby ludzkość, a żyje na ziemi wiele miliardów ludzi, coraz bardziej stawała się rodziną Bożą, ażeby mogła żyć w pokoju. Wiele dzieci w różnych częściach świata cierpi i podlega wielorakim zagrożeniom. Cierpią głód i nędzę, umierają z powodu chorób i niedożywienia, padają ofiarą wojen, bywają porzucane przez rodziców, skazywane na bezdomność, pozbawiane ciepła własnej rodziny, ulegają rozmaitym formom gwałtu i przemocy ze strony dorosłych. Czy można obojętnie przejść wobec cierpienia tylu dzieci?".

(list do dzieci w Roku Rodziny, 13 grudnia 1994 r.)

Dla wielu dzieci czas I Komunii Świętej to moment przystąpienia do Papieskiego Dzieła Misyjnego, w którym Jan Paweł II, a także jego następcy Benedykt XVI oraz Franciszek, dostrzegli jedną z najpiękniejszych dróg przyjaźni z Jezusem. Co ważne, nie kończy się ona w chwili zdjęcia komunijnego stroju, ale pogłębia się i umacnia przez lata.

Jan Paweł II odwoływał się w swoich wystąpieniach skierowanych do młodych ludzi także do wartości. Wskazywał im drogę, którą powinni podążać:

„Każdy z was, młodzi przyjaciele, znajduje też w życiu jakieś swoje „Westerplatte". Jakiś wymiar zadań, które musi podjąć i wypełnić. Jakąś słuszną sprawę, o którą nie można nie walczyć. Jakiś obowiązek, powinność, od której nie można się uchylić. Nie można zdezerterować".

(homilia, Westerplatte, 12 czerwca 1987 r.)

Ojciec Święty odznaczał się wielką miłością do dzieci i młodzieży, otaczał je troską, modlił się za nie – ich los leżał mu na sercu. Dlatego też w ramach podsumowania tej części rozważań chciałabym przytoczyć słowa Jana Pawła II o dzieciach, z którymi w pełni się zgadzam:

„Dzieci są nadzieją, która rozkwita wciąż na nowo, projektem, który nieustannie urzeczywistnia, przyszłością, która zawsze pozostaje otwarta. Są owocem miłości małżeńskiej, która dzięki nim odżywa i umacnia się".

(homilia, Watykan, 14 października 2000 r.)

Cóż można jeszcze powiedzieć...? Dzieci są przyszłością świata – są naszą przyszłością...

SENIOR

*Starość to ostatni etap ludzkiego dojrzewania
i znak Bożego błogosławieństwa.*

św. Jan Paweł II
(list do osób w podeszłym wieku, 1999)

fot. Pressmaster, źródło: stock.chroma.pl

Jan Paweł II w swoim nauczaniu o życiu i starości człowieka stawiał ogromny nacisk na godność osoby oraz wartość podeszłego wieku, a co się z tym wiąże, także na posłannictwo osób starszych. W jego przypadku nie były to jedynie szumne słowa – potwierdzał je bowiem własnym przykładem, zwłaszcza na etapie, gdy sam przeżywał swoją starość, a mimo to aż do końca nie wyrzekł się służby Bożej, by ostatecznie przejść z życia ziemskiego do życia wiecznego, na które otwierał się z niegasnącą, chrześcijańską nadzieją.

Papież podkreślał, że staremu człowiekowi przysługuje ta sama godność osoby stworzonej i odkupionej przez Boga co innym ludziom:

„człowiek różni się od całej otaczającej go rzeczywistości, ponieważ jest osobą. Ukształtowany na obraz i podobieństwo Boże, jest świadomym i odpowiedzialnym podmiotem".

(list do osób w podeszłym wieku, Watykan, 1 października 1999 r.)

Z chrześcijańskiego punktu widzenia bowiem już samo bycie człowiekiem, także w podeszłym wieku, znaczy o wiele więcej niż jakiekolwiek posiadane bogactwa bądź inne ludzkie osiągnięcia czy dzieła. W swoich przemówieniach Ojciec Święty głosił z przekonaniem to, co zawierały także jego pisma – że:

„wedle Bożego planu każda ludzka istota jest życiem, które stale wzrasta, począwszy od pierwszej iskierki istnienia, aż do ostatniego tchnienia".

(Christifideles Laici)

Dlatego też w takim duchu powinno odbywać się wychowanie młodego pokolenia – w poszanowaniu godności i osoby człowieka w podeszłym wieku. Jan Paweł II nawoływał, że:

„To wychowanie winno być skupione nie tylko na tym, co należy «czynić», ale przede wszystkim jak «być»; winno też zwracać uwagę na wartości, które każą cenić życie na wszystkich jego etapach ucząc akceptacji zarówno możliwości, jak i ograniczeń, które ono z sobą niesie.

(...) Rozmyślać o starości znaczy zatem skupić uwagę na człowieku, który od poczęcia aż do śmierci jest darem Boga, Jego obrazem i podobieństwem; znaczy też zabiegać o to, aby każda chwila ludzkiej egzystencji przeżyta została w pełni i z godnością".

(list do uczestników II Światowego Zgromadzenia poświęconego problemom starzenia się ludzi, Watykan, 3 kwietnia 2002 r.)

Generalnie Papieżowi chodziło o to, by uwrażliwić młode pokolenie na fakt, że każdy człowiek, niezależnie od wieku, jest osobą ludzką, równej godną troski. Już w encyklice *Redemptor hominis* pisał, że:

„Chodzi więc tutaj o człowieka w całej jego prawdzie, w pełnym jego wymiarze. Nie chodzi o człowieka „abstrakcyjnego", ale rzeczywistego, o człowieka „konkretnego", „historycznego". Chodzi o człowieka „każdego" – każdy bowiem jest ogarnięty Tajemnicą Odkupienia, z każdym Chrystus w tej tajemnicy raz na zawsze się zjednoczył. Każdy człowiek przychodzi na ten świat, poczynając się w łonie swej matki i rodząc się z niej, jest z tej właśnie racji powierzony trosce Kościoła. Troska ta dotyczy człowieka całego, równocześnie jest ona na nim skoncentrowana w szczególny sposób. Przedmiotem tej troski jest człowiek w swojej jedynej i niepowtarzalnej rzeczywistości człowieczej, w której trwa niczym nienaruszony „obraz i podobieństwo" Boga samego".

Jan Paweł II wskazywał, że o pełni naszego człowieczeństwa świadczy właśnie szacunek dla drugiego człowieka i umiejętność obdarowywania go sobą. Prosił:

„Uczmy się ludzi, aby pełniej być człowiekiem poprzez umiejętność „dawania siebie"": być człowiekiem "dla drugich". Taka prawda o człowieku – taka antropologia – znajduje swój niedościgniony szczyt w Jezusie z Nazaretu".

(Familiaris Consortio)

W swoim nauczaniu Ojciec Święty, odwołując się do Pisma Świętego, wzywał wszystkich do:

„otoczenia życia opieką i szacunkiem, zwłaszcza życia naznaczonego przez chorobę i starość. Jeżeli brak w Biblii bezpośrednich i jednoznacznych wezwań do ochrony życia u jego początków, zwłaszcza przed narodzeniem, podobnie zresztą jak w obliczu bliskiego już kresu, można to łatwo wyjaśnić faktem, że nawet sama możliwość działania przeciw życiu, napaści na nie lub wręcz odebrania życia w takich okolicznościach nie mieściła się w pojęciach religijnych i kulturowych Ludu Bożego".

(Evangelium Vitae)

Zobaczcie zatem, jak często Papież przywoływał w swoich tekstach i wystąpieniach temat starości, jak głęboko pochylał się nad seniorami, podkreślając konieczność chronienia ich i otaczania troską. Ks. Wiesław Przygoda, odwołując się do nauk papieskich Jana Pawła II, w swojej pracy pt. *„Formacja apostolska ludzi w podeszłym wieku"* także porusza temat starości. Stwierdza, że to nie liczba lat o niej decyduje, ale znaczny spadek zdolności adaptacyjnych człowieka w wymiarze biologicznym i psychospołecznym. Wiąże się on bowiem z postępującym ograniczeniem samodzielności życiowej oraz stopniowym nasileniem się zależności od innych osób. Bardzo często towarzyszy temu również poczucie odrzucenia, bycia niepotrzebnym. Nic bardziej mylnego!

Seniorzy byli, są i zawsze będą potrzebni!

Jan Paweł II podkreślał to wielokrotnie w swoich wystąpieniach. Zdaniem Papieża, starość jawi się jako:

„«czas pomyślny», w którym dopełnia się miara ludzkiego życia; zgodnie z Bożym zamysłem wobec każdego człowieka jest to okres, w którym wszystko współdziała ku temu, aby mógł on jak najlepiej pojąć sens życia i zdobyć «mądrość serca». «Starość jest czcigodna – czytamy w Księdze Mądrości – nie przez długowieczność i liczbą lat się jej nie mierzy: sędziwością u ludzi jest mądrość, a miarą

starości – życie nieskalane» (4,8-9). Starość to ostatni etap ludzkiego dojrzewania i znak Bożego błogosławieństwa".

(list do osób w podeszłym wieku, Watykan,
1 października 1999 r.)

Ojciec Święty pisał nie o cieniach starości, ale o jej blaskach, nie o uzależnieniu osób starszych od młodszych, ale o wzajemnej zależności międzypokoleniowej, będącej podstawą wspólnoty. We fragmencie wspomnianego wyżej listu wyraził zdanie, że:

„Kruchość ludzkiego istnienia, w sposób najbardziej wyrazisty ujawniająca się w starszym wieku, staje się w tej perspektywie przypomnieniem o wzajemnej zależności i nieodzownej solidarności między różnymi pokoleniami, jako że każdy człowiek potrzebuje innych i wzbogaca się dzięki darom i charyzmatom wszystkich".

Dawniej wydawało się rzeczą oczywistą, że dorosłe dzieci w naturalny sposób otaczają opieką i troską swoich rodziców. Zdaniem Ojca Świętego, rodzina urzeczywistniała wówczas podstawową formę solidarności międzypokoleniowej, opierającej się na kilku etapach. Początkowo solidarność małżeńska sprawiała, że małżonkowie wiązali się ze sobą na dobre i na złe, tym samym zobowiązując się do wzajemnej opieki nad sobą aż do końca swoich dni. Następnie owa solidarność małżeńska obejmowała także potomstwo, gdyż wychowanie dzieci wymaga trwałej i silnej więzi między matką i ojcem. Na końcu zaś rodziła się solidarność pomiędzy dorosłymi już dziećmi a ich starzejącymi się rodzicami. Czy tak jest nadal?

„W dzisiejszych czasach różnorodne czynniki powodują istotne przemiany w stosunkach międzypokoleniowych. W wielu regionach świata ulega osłabieniu związek małżeński, częstokroć postrzegany obecnie jako zwykły kontrakt zawierany przez dwoje ludzi. Na skutek presji społeczeństwa konsumpcyjnego rodziny więcej troski poświęcają pracy i różnym formom aktywności społecznej niż domowi".

(list do uczestników sesji plenarnej Papieskiej Akademii Nauk Społecznych,
30 kwietnia 2004 r.)

Obecnie, miejsce w rodzinie wyznaczane ludziom starszym zależy przede wszystkim od uznawanych przez daną społeczność wartości. Tam zatem, gdzie w cenie są doświadczenie i mądrość, seniorów otacza się troską, życzliwością i szacunkiem. Tam zaś, gdzie docenia się młodość i wydajność, ludzi starszych traktuje się jak zbędny ciężar i spycha na margines życia społecznego. Jan Paweł II był bardzo dumny z tej pierwszej grupy.

Pisał, że:

„Istnieją kultury przejawiające szczególną cześć i wielką miłość dla osób starszych. Człowiek stary nie bywa tam nigdy wyłączony z rodziny czy traktowany jako nieużyteczny ciężar; pozostaje w rodzinie i chociaż zobowiązany do szanowania autonomii nowej rodziny, nadal bierze czynny i odpowiedzialny udział w jej życiu, a nade wszystko wypełnia cenne posłannictwo świadka przeszłości i inspiratora mądrości dla młodych i dla przyszłości".

(Familiaris Consortio, 27)

Ojciec Święty podkreślał, że spychanie seniorów na margines życia społecznego nie tylko stanowi źródła ich cierpienia, ale także sprawia, iż współczesna rodzina duchowo ubożeje. Twierdził, że „szacunek i miłość do ludzi starych, dzięki którym mogą oni czuć się – mimo słabnących sił – żywą częścią społeczeństwa" są niezbędne do prawidłowego funkcjonowania każdej wspólnoty. Ludzie starsi służą bowiem młodszym swoim doświadczeniem, radą i mądrością, zasługują zatem, zdaniem Papieża, nie tylko na ich szacunek, ale wręcz na ich cześć. Znajdujemy tu wręcz odwołanie do czwartego przykazania Bożego: „czcij ojca swego i matkę swoją".

Zdaniem Jana Pawła II:

„Czcić ludzi starszych znaczy spełniać trojaką powinność wobec nich: akceptować ich obecność, pomagać im i docenianie ich zalety. W wielu środowiskach jest to naturalny sposób postępowania, zgodny z odwiecznym zwyczajem. (...) Starsi potrafią dać wam znacznie więcej, niż możesz sobie wyobrazić".

(list do osób w podeszłym wieku, Watykan, 1 października 1999 r.)

A zatem, według Ojca Świętego, cześć wobec osób starszych powinna się w rodzinie przejawiać w akceptowaniu ich obecności, pomaganiu im i docenianiu ich zalet. Pozwala to dostrzec mądrość seniorów, z której młodzi mogą korzystać jak ze skarbnicy wiedzy i doświadczenia. We wspomnianym wyżej liście Papież napisał także, że każdy senior:

„jak zauważa św. Hieronim – łagodząc namiętności «pomnaża mądrość i służy dojrzalszymi radami» (...). W pewnym sensie jest to czas szczególnie nacechowany mądrością, którą zwykle przynoszą z sobą lata doświadczeń".

Jan Paweł II zaznaczył więc, że Kościół Chrystusowy w swoim nauczaniu o mądrości wieku sędziwego pamięta też o niezwykle cennej roli ludzi starszych w rodzinie. Wskazywał, że:

„[Kościół] Pamięta o starości, z tym wszystkim co ona wnosi pozytywnego i negatywnego, a więc z możliwością pogłębienia miłości małżeńskiej, coraz bardziej oczyszczonej i uszlachetnionej przez długoletnią i nieprzerwaną wierność, gotowością służenia innym w nowy sposób dobrocią, mądrością i pozostałą energią, z ciężarem samotności, cierpieniem związanym z chorobą, zbliżaniem się końca życia".

(Familiaris Consortio 1981 r.)

Zdaniem Ojca Świętego, w starości skrywa się zatem życiowa mądrość, bogactwo doświadczeń i prosta dojrzałość człowieka, który potrafi widzieć więcej.

„Prawdziwa dojrzałość idzie zawsze w parze z prostotą. Prostota nie oznacza spłycenia życia i myśli, nie neguje złożonego charakteru rzeczywistości, ale jest umiejętnością uchwycenia istoty każdego problemu, odkrycia jego zasadniczego sensu i jego związku z całością. Prostota jest mądrością".

(homilia, Watykan, 23 października 1998 r.)

fot. Janusz Gojke

Niejednokrotnie Jan Paweł II uzasadniał też, że:

„ludzie starzy pomagają nam mądrzej patrzeć na ziemskie wydarzenia, ponieważ dzięki życiowym doświadczeniom zyskali wiedzę i dojrzałość. Są strażnikami pamięci zbiorowej, a więc mają szczególny tytuł, aby być wyrazicielami wspólnych ideałów i wartości, które są podstawą i regułą życia społecznego".

(list do osób w podeszłym wieku, Watykan, 1 października 1999 r.)

To wydaje się takie oczywiste!

Norbert Pikuła znakomicie opisuje w swojej rozprawie na temat „Mądrość życiowa osób starszych paradygmatem wychowawczym współczesnej rodziny" przecież to babcia i dziadek najczęściej uczą słów pacierza i służą pomocą w podstawowej szkolnej edukacji. Przekazują wartości przez nich uświęcone i kształtują w ten sposób postawy najmłodszych. Są oparciem duchowym dla swoich dzieci i wnuków. Opowiadają chętnie zarówno piękne baśnie, jak prawdziwe historie, których często sami byli świadkami. Dzielą się wiedzą o uroczystościach rodzinnych i narodowych, a także stoją na straży tradycji przeżywania świąt, bądź ważnych dat państwowych z życia swojej ojczyzny.

Dlatego też, podkreślając mądrość wieku starszego, Jan Paweł II mówił do seniorów:

"Jesteście błogosławieństwem świata. Jakże często musicie odciążać młodych rodziców, jak dobrze potraficie wprowadzać malców w historię waszej rodziny i waszej ojczyzny, w baśnie waszego narodu i w świat wiary! Młodzież częściej zwraca się do was ze swoimi problemami niż do pokolenia swoich rodziców".

(przemówienie do ludzi starych, Monachium,
19 listopada 1980 r.)

"starość ma swoją rolę do odegrania w tym procesie stopniowego dojrzewania człowieka zmierzającego ku wieczności. Z tego dojrzewania czerpie oczywiste korzyści również środowisko społeczne, do którego należy człowiek sędziwy".

(list do osób w podeszłym wieku, Watykan,
1 października 1999 r.)

Jan Paweł II wskazywał także na fakt, że relację pomiędzy seniorami a rodziną należy postrzegać jako wymianę darów. Tak jak rodzina jest prawdziwym „sanktuarium życia i miłości", tak jej członkowie są dla siebie wzajemnie darem. Pisał bowiem, że:

„W rzeczywistości życie osób starszych ułatwia nam zdanie sobie sprawy z hierarchii wartości ludzkich; ukazuje ciągłość pokoleń i wspaniale przedstawia wzajemną zależność Ludu Bożego. Osoby starsze ponadto mają charyzmat przekraczania barier między pokoleniami, zanim one zaistnieją. Ileż dzieci znalazło zrozumienie i miłość w oczach, słowach i pieszczotach osób starszych!"

(Familiaris Consortio)

O relacji seniorów z młodymi Ojciec Święty mówił także, że:

„Mogą im służyć swoją dyskretną i serdeczną życzliwością, mądrością, wyrozumiałością, cierpliwością, dobrą radą, a zwłaszcza wiarą i modlitwą".

Jan Paweł II podkreślał, że starość nie jest chorobą, tylko naturalnym okresem życia każdego człowieka.

„Ludziom starszym, którzy często i niesłusznie są uważani za zbędnych, a nawet za nieznośny ciężar, pragnę powiedzieć, że Kościół prosi ich i od nich oczekuje, że będą kontynuowali swą misję apostolską i misyjną, która nie tylko jest w ich wieku możliwa i potrzebna, ale właśnie dzięki ich wiekowi niejako otrzymuje specyficzny i oryginalny wymiar".

(Christifideles Laici 1988 r.)

Według Jana Pawła II, posłannictwo seniorów polega w istocie na dawaniu świadectwa „o prawdziwych wartościach, których znaczenie wykracza poza pozory i które trwają zawsze, ponieważ są wpisane w serce każdego człowieka i poręczone przez słowo Boże". W liście do ludzi w podeszłym wieku (1999 r.), pisał, że specyficznym zadaniem ewangelizacyjnym ludzi starszych jest apostolat modlitwy. Uważał ponadto, że przywilejem ludzi starszych jest czas, którego nie rozpraszają już rozliczne zajęcia i który może „sprzyjać głębszej refleksji i dłuższemu dialogowi z Bogiem". Ten sam czas, któremu poddany jest człowiek – rodząc się w nim, a potem przemijając.

Nie będzie też niczym nowym stwierdzenie, że Ojciec Święty przez niemal cały okres swojego pontyfikatu utożsamiał się z seniorami. Wielokrotnie zaznaczał przy tym swój wiek i zrozumienie dla problemów tej grupy. Pisał m.in. tak:

„Zwracając się do ludzi starych, zdaję sobie sprawę, że mówię do tych i o tych, którzy przeszli już długą drogę (por. Mdr 4, 13). Mówię do swoich rówieśników, mogę więc szukać jakiejś analogii we własnym życiu".

„Sam posunięty w latach, odczuwam zatem potrzebę nawiązania dialogu z wami. Czynię to, dziękując najpierw Bogu za dary i dobrodziejstwa, jakich udzielał mi obficie aż do tej chwili. Przemierzam w pamięci kolejne etapy mojego życia, splecionego z historią większej części obecnego stulecia, i widzę wyłaniające się z przeszłości

twarze niezliczonych osób, w tym niektórych szczególnie mi drogich. Wiążą się z nimi wspomnienia wydarzeń zwykłych i nadzwyczajnych, chwil radości i przeżyć naznaczonych cierpieniem. Ponad tym wszystkim jednak widzę opatrznościową i miłosierną dłoń Boga Ojca, który «najlepiej kieruje wszystkim, co istnieje» i «wysłuchuje (...) wszystkich naszych próśb zgodnych z Jego wolą»".

(list do osób w podeszłym wieku, Watykan,
1 października 1999 r.)

Cała refleksja Papieża na temat starości sprowadza się jednak do wdzięczności:

„Wiele jest powodów, dla których winniśmy wdzięczność Bogu. Mimo wszystko ostatnie lata naszego stulecia otworzyły rozległe perspektywy rozwoju i postępu. Nawet z cierpień naszego pokolenia wyłania się jakieś światło zdolne rozjaśnić lata naszej starości".

(list do osób w podeszłym wieku, Watykan,
1 października 1999 r.)

Odwołując się do słów Ojca Świętego, Jana Pawła II, potwierdzonych jego doświadczeniem, możemy nie tylko poznać najgłębszy sens starości oraz niezastąpionej misji seniorów, ale także wzmacniać ich podmiotowość społeczną zarówno w środowisku rodzinnym, jak i społecznym. Moc świadectwa jego słowa i życia pozostaje bowiem dla współczesnych ludzi oraz wspólnot wezwaniem do wiarygodnej, autentycznej afirmacji godności człowieka w podeszłym wieku, a także do podejmowania wynikających z tego inicjatyw społecznych.

Tak jak dzieci są przyszłością świata, tak seniorzy są gwarancją jego trwałości i ciągłości. Dlatego też dbajmy o nich – dbajmy o siebie...

Moje ukochane motto:

Senior jest jak pięknie zapisana księga. Kiedy umiera człowiek, wraz z nim odchodzi biblioteka. Na koniec jeszcze kilka anegdot z życia Jana Pawła II...

NA KONIEC JESZCZE KILKA ANEGDOT Z ŻYCIA JANA PAWŁA II ...

Szklana klatka

Papież był bardzo niezadowolony z faktu, że obwozi się go w szklanej klatce. Pomysłu tego broniła pewna Polka, która, mając możliwość rozmowy z Janem Pawłem II w Krakowie, powiedziała:

Ta klatka zmniejsza jednak ryzyko. Nic nie poradzimy, że się lękamy o Waszą Świątobliwość...

Ja też – uśmiechnął się Papież – niepokoję się o swoją świątobliwość.

Z Wami dziecinnieję

Podczas jednej ze swoich wizytacji rzymskich parafii Papież, jak to miał w zwyczaju, wdał się w rozmowę z dziećmi.

Wy jesteście młodzi, a ja już jestem stary – powiedział.

Nie, nie jesteś stary – gromko zaprotestowały dzieci.

Tak, ale jak jestem z wami, to dziecinnieję – replikował Papież.

Mów mi wujaszku

Podczas pierwszej wizyty w USA Papież spotkał się z rodziną prezydenta, Jimmy'ego Cartera. Pięcioletnia wówczas wnuczka prezydenta, mając kłopoty z wygłoszeniem powitania, powtarzała w kółko:

Jego Świątobliwość, Jego Świątobliwość...

Papież, chcąc wybawić dziewczynkę z kłopotów, wziął ją w ramiona i powiedział:

Mów mi wujaszku.

Był też nauczycielem

Była sesja zimowa. Studenci czekali na ks. prof. Karola Wojtyłę, który miał ich egzaminować z etyki. Po dwóch godzinach wszyscy rozeszli się do domów, poza jednym kolegą, księdzem, który przez cały semestr nie był na ani jednym wykładzie ks. prof. Wojtyły, gdyż w tym czasie wyjeżdżał na wystawy malarstwa do Warszawy.

Ksiądz profesor prosto z opóźnionego pociągu przyszedł pod salę egzaminacyjną. Wyglądał bardzo młodo, nie wyróżniał się wizualnie wśród księży studentów, którzy byli parę lat młodsi od niego. Ksiądz student spytał K. Wojtyłę, którego wcześniej nie widział na oczy:

Stary, ty też na egzamin?

Tak – odpowiedział zgodnie z prawdą ksiądz profesor, nie dodając ważnego szczegółu, że w charakterze egzaminatora.

Ksiądz student zaczął ubolewać nad spóźnieniem egzaminatora, a tenże w mig zorientował się, że czekający nie uczęszczał na jego wykłady. Usiadł obok niego i zaczęli godzinną rozmowę związaną z zagadnieniami etyki, które były przedmiotem wykładów. Ksiądz student z podziwem popatrzył na ks. Wojtyłę i stwierdził:

Stary, jak ty jesteś obkuty! Proszę cię, jeśli przyjdzie ksiądz profesor, to nie wchodź przede mną na egzamin, bo z pewnością oblejęl

Dobrze – zgodził się pokornie ks. Wojtyła – ale powiedz mi szczerze, dlaczego nie byłeś na ani jednym wykładzie?

Bo wiesz, panuje powszechna opinia, że jego wykłady są bardzo trudne i wręcz abstrakcyjne, ale gdyby miał taki dar przekazywania wiedzy jak ty, to słuchałbym go z największą przyjemnością.

Dobrze, to daj indeks – powiedział ksiądz profesor.

Co ty, żarty sobie stroisz? – zapytał ksiądz student, na co usłyszał w odpowiedzi:

Daj indeks, jestem Wojtyła.

I ksiądz profesor wpisał oniemiałemu z przerażenia koledze 4+, z uwagą, by jednak w przyszłym semestrze zaczął uczęszczać na wykłady, by samemu wyrobić sobie sąd o wykładowcy. Tym pozornie małym wydarzeniem, o którym pozostali studenci dowiedzieli się natychmiast, zyskał taką sympatię, że bariera iluzorycznego strachu została pokonana na zawsze...

Papież to nie mistrz olimpijski

Pracownicy Watykanu nie mogli pogodzić się z tym, że nowy papież nie chce korzystać z lektyki papieskiej, zwanej *sedia gestatoria*.

Bez *sedia gestatoria* Ojciec Święty nie będzie widziany, może więc jakiś podest? – nie dawali za wygraną „watykańczycy".

Na podest nie wejdę, nie jestem mistrzem olimpijskim! – oznajmił stanowczo Jan Paweł II.

fot. Andrzej J. Gojke

CIEKAWOSTKI O JANIE PAWLE II

1. Karol Wojtyła był pierwszym papieżem spoza Włochem od 1522 roku i oczywiście pierwszym Słowianinem sprawującym urząd Papieża. Był nim przez 26 lat.
2. Karol Wojtyła na styk zdążył na konklawe, na którym wybrano go na Papieża! Do Kaplicy Sykstyńskiej wszedł jako ostatni, a należy wspomnieć, że po zamknięciu bram nie wpuszcza się tam już nikogo, nawet kardynałów.
3. Karol Wojtyła urodził się o tej samej godzinie, o której został wybrany na Papieża – czyli między 17.00 a 18.00, tyle że 58 lat wcześniej.
4. Jan Paweł II odbył 104 zagraniczne pielgrzymki, w tym 9 do Polski. Odwiedził aż 129 krajów świata i ponad 900 miejscowości. Jego wielkim marzeniem były pielgrzymki do prawosławnej Rosji i do Chin, ale nigdy do nich nie doszło.
5. Podczas wszystkich podróży zagranicznych Jan Paweł II przebył ponad 1 650 900 km, co odpowiada ponad 30-krotnemu okrążeniu Ziemi (wzdłuż równika) i 3-krotnej odległości między Ziemią a Księżycem.
6. Jan Paweł II był aktywny fizycznie i uwielbiał sport. Uprawiał jazdę na nartach i spływ kajakiem, uwielbiał też wspinaczkę górską. W pierwszym roku swojego pontyfikatu poprosił władze o wybudowanie basenu oraz o renowację kortu tenisowego.
7. Jan Paweł II zrezygnował z lektyki, którą dotychczas noszeni byli papieże. Uważał, że jest to kompletnie niepotrzebne.
8. Jan Paweł II łamał wszelkie stereotypy. Jako pierwszy Papież wziął udział w koncercie rockowym, który miał miejsce w Bolonii. Był też pierwszym Papieżem, który udzielał audiencji w mediach, te zaś z biegiem czasu zostały przekształcone w konferencje prasowe.
9. Jan Paweł II zasłynął tym, że wprowadził do Watykanu internet, co było niesamowitym przedsięwzięciem, wcześniej nieosiągalnym dla Watykańczyków.

10. Papież był również niezwykle oryginalną osobą, nosił na ręku zegarek i czytał bez okularów. Do tego często żartował I mówił o swoich upodobaniach – np. bardzo lubił wadowickie kremówki, na które chodził z kolegami po maturze.
11. Jan Paweł II niezwykle mocno kochał dzieci, zawsze chciał, aby te niewinne istoty miały godne i dobre życie. Był to też pierwszy Papież, który napisał list do dzieci.
12. Jan Paweł II był również pierwszym Papieżem, który znał wiele języków obcych (biegle władał siedmioma): angielskim, niemieckim, francuskim, włoskim, hiszpańskim, portugalskim polskim, rosyjskim, ukraińskim, czeskim, węgierskim i łaciną.
13. Jan Paweł II w czasie swojego pontyfikatu beatyfikował 1338 osób i kanonizował 487.
14. Jan Paweł II był 264 Papieżem z kolei (licząc od św. Piotra) w historii Kościoła.
15. Jan Paweł II zwołał 15 synodów biskupów, którym przewodniczył osobiście, a także 6 nadzwyczajnych konsystorzy kardynałów dla omówienia ważnych spraw. Ogłosił 14 encyklik, 15 adhortacji, 11 konstytucji apostolskich i 45 listów apostolskich, a także kilka serii orędzi na: Światowy Dzień Pokoju (27), na Światowy Dzień Chorego (13), Światowy Dzień Młodzieży (20), Światowy Dzień Środków Społecznego Przekazu (26), jak również na Boże Narodzenie, Wielki Post i Wielkanoc. Ponadto w ramach audiencji środowych przeprowadził kilka cykli katechez. Jako Papież opublikował też 5 książek.

JAN PAWEŁ II – MOJE CYTATY DLA WAS

Na kryzys cywilizacji trzeba odpowiedzieć cywilizacją miłości!!!
(list apostolski Tertio millennio adveniente, 1994)

Człowiek bowiem staje się naprawdę sobą poprzez wolny dar z siebie samego...

(encyklika *Centesimus annus*)

Człowieka trzeba mierzyć miarą serca. Sercem! (...)
Człowieka trzeba mierzyć miarą sumienia, miarą ducha, który jest otwarty ku Bogu.
Trzeba więc człowieka mierzyć miarą Ducha Świętego.

(1979)

Bóg nie wątpi o człowieku.
A więc i my, chrześcijanie, nie możemy zwątpić o człowieku, wiemy bowiem, że człowiek jest zawsze większy niż jego błędy i występki.
(list apostolski z okazji 50. rocznicy wybuchu II wojny światowej, 1989)

Człowiek urzeczywistnia siebie samego poprzez swoją inteligencję i swoją wolność, i dokonując tego, traktuje je jako przedmiot i narzędzie rzeczy tego świata i sobie je przywłaszcza.

(encyklika *Centesimus annus*)

Człowiek, który chce zrozumieć siebie samego do końca – musi ze swoim niepokojem, niepewnością, a także słabością i grzesznością, ze swoim życiem i śmiercią, przybliżyć się do Chrystusa.

(encyklika *Redemptor hominis*)

Istotnie, głównym bogactwem człowieka jest wraz z ziemią sam człowiek.

(encyklika *Centesimus annus*)

Niech zstąpi Duch Twój i odnowi oblicze Ziemi. Tej Ziemi!

(*homilia na Placu Zwycięstwa w Warszawie, 2 czerwca 1979 r.*)

Nie bój się, nie lękaj! Wypłyń na głębię!

Nie ma pokoju bez sprawiedliwości, nie ma sprawiedliwości bez przebaczenia.

Gdy będzie wam trudno, gdy będziecie w życiu przeżywać jakieś niepowodzenie czy zawód, niech myśl wasza biegnie ku Chrystusowi, który was miłuje, który jest wiernym towarzyszem i który pomaga przetrwać każdą trudność.

Rodzina Bogiem silna, staje się siłą człowieka i całego narodu.
Wymagajcie od siebie choćby inni od was nie wymagali.

Miłość mi wszystko wyjaśniła, Miłość wszystko rozwiązała dlatego uwielbiam tę Miłość, gdziekolwiek by przebywała...

(z tomiku *Renesansowy psałterz*)

Szukałem was, teraz Wy mnie znaleźliście.

Wy jesteście przyszłością świata!
Wy jesteście nadzieją Kościoła!
Wy jesteście moją nadzieją!
Troska o dziecko jest pierwszym i podstawowym sprawdzianem stosunku człowieka do człowieka.

Bogatym nie jest ten, kto posiada, lecz ten, kto daje.

Bądźcie na tym świecie nosicielami wiary i nadziei chrześcijańskiej, żyjąc miłością na co dzień.
Bądźcie wiernymi świadkami Chrystusa zmartwychwstałego, nie cofajcie się nigdy przed przeszkodami, które piętrzą się na ścieżkach Waszego życia.
Liczę na Was. Na Wasz młodzieńczy zapał i oddanie Chrystusowi.

Nigdy nie jest tak, żeby człowiek, czyniąc dobrze drugiemu, tylko sam był dobroczyńcą.
Jest równocześnie obdarowywany, obdarowany tym, co ten drugi przyjmuje z miłością. Starajmy się tak postępować i tak żyć, by nikomu w naszej Ojczyźnie nie brakło dachu nad głową i chleba na stole, by nikt nie czuł się samotny, pozostawiony bez opieki.

Wy jesteście młodzi, a papież jest stary i trochę zmęczony.
Ale identyfikuje się jeszcze z waszymi oczekiwaniami i nadziejami.
(podczas Światowych Dni Młodzieży, 28 lipca 2002 r.)

Człowiek nie jest tylko sprawcą swoich czynów, ale przez te czyny jest zarazem w jakiś sposób „twórcą siebie samego".

Całym sobą płacisz za wolność – więc to wolnością nazywaj, że możesz, płacąc ciągle na nowo, siebie posiadać.

(Pamięć i tożsamość)

Bibliografia

Materiały źródłowe:

Jan Paweł II, Adhortacja *Familiaris Consortio*, 1981 Jan Paweł II, Adhortacja *Christifideles Laici*, 1988 Jan Paweł II, Adhortacja *Ecclesia in Europa*, 2003 Jan Paweł II, Encyklika *Redemptor hominis*, 1979 Jan Paweł II, Encyklika *Centesimus annus*, 1991 Jan Paweł II, Encyklika *Veritatis Splendor*, 1993

Jan Paweł II, Encyklika *Evangelium vitae*, 1995 Jan Paweł II, Homilia, Watykan, 1981

Jan Paweł II, Homilia, Wrocław 1983 Jan Paweł II, Homilia, Lyon, 1986

Jan Paweł II, Homilia dla świata pracy, Gdańsk, 1987 Jan Paweł II, Homilia, Kielce, 1991

Jan Paweł II, Homilia, Skoczów, 1995 Jan Paweł II, Homilia, Kalisz, 1997 Jan Paweł II, Homilia, Legnica, 1997 Jan Paweł II, Homilia, Watykan, 1998 Jan Paweł II, Homilia, Łowicz, 1999

Jan Paweł II, Homilia, Sandomierz, 1999 Jan Paweł II, Homilia, Sopot, 1999

Jan Paweł II, Homilia, Stary Sącz, 1999 Jan Paweł II, Homilia, Watykan, 2000

Jan Paweł II, Kazanie podczas mszy św. z okazji Jubileuszu Rodzin, 2000

Jan Paweł II, List apostolski *Salvici doloris*, 1984

Jan Paweł II, List apostolski z okazji 50 rocznicy wybuchu II wojny światowej, 1989

Jan Paweł II, List apostolski *Tertio millennio adveniente*, 1994 Jan Paweł II, List apostolski *Mulieris dignitatem*, 1994

Jan Paweł II, List apostolski *Novo millennio inuente*, 2001 Jan Paweł II, List do dzieci w Roku Rodziny, 1994

Jan Paweł II, List do Équipes Notre-Dame, 1997

Jan Paweł II, List do osób w podeszłym wieku, Watykan, 1999 Jan Paweł II, List do rodzin *Gratissimam Sane*, 1988

Jan Paweł II, List do uczestników II Światowego Zgromadzenia poświęconego problemom starzenia się ludzi, Watykan, 2002

Jan Paweł II, List do uczestników sesji plenarnej Papieskiej Akademii Nauk Społecznych, 2004

Jan Paweł II, List przesłany na IV Światową Konferencję ONZ poświęconą Kobiecie, 1995

Jan Paweł II, *Miłość jest darem z samego siebie. Rozważanie przed modlitwą niedzielną*, 1994

Jan Paweł II, *Musicie od siebie wymagać*, „Miłujcie się" 2005, Nr 3 Jan Paweł II, Orędzie na XXVIII Światowy Dzień Pokoju, Watykan, 1994

Jan Paweł II, Przemówienie do młodzieży akademickiej zgromadzonej przed kościołem św. Anny, 1979

Jan Paweł II, Przemówienie podczas spotkania z młodzieżą, Jasna Góra, 1983

Jan Paweł II, Przemówienie do ludzi starych, Monachium, 1980 Jan Paweł II, Przemówienie do uczestników zgromadzenia plena-rnego Papieskiej Rady ds. Rodziny, 1999

Jan Paweł II, Przemówienie z okazji Jubileuszu Rodzin, 2000

Jan Paweł II, Przemówienie podczas beatyfikacji Marii i Alozjego Quattrocchi, 2001

Jan Paweł II, Przemówienie do uczestników konferencji ACLI, 2002

Jan Paweł II, Przemówienie podczas Światowych Dni Młodzieży, 2002

Jan Paweł II, Przemówienie Papieża do uczestników zgromadzenia plenarnego Papieskiej Rady ds. Rodziny, 2004

Jan Paweł II, Rozważanie, 2000 Jan Paweł II, Rozważanie, 2002

Jan Paweł II, *Teologia małżeństwa*, Katechezy wygłoszone przez papieża w czasie audiencji środowych w latach 1979-1984, http://www.madel.jezuici.pl/ rodzina/Jan-Pawel-II-Teologia--malzenstwa.html

Paweł VI, Encyklika *Humanae vitae*, 1968

Paweł VI, Konstytucja duszpasterska *Gaudium et spes*, 1965 Sobór Watykański II, Konstytucja dogmatyczna *Lumen gentium*, 1964

Literatura przedmiotu:

Bronk K., *Franciszek potwierdza nauczanie Jana Pawła II o rodzinie*, Vatican News, 31.10.2019, https://www.vaticannews.va/ pl/papiez/news/2019-10/pa piez-franciszek-jan-pawel-ii-rodzina-nauczanie.html

Bujak A., Wojtyła K., *Renesansowy psałterz*, Kraków 1999 Brzeziński M. (Ks.), *O czci i szacunku wobec ludzi starszych na*

kanwie listu do osób w podeszłym wieku Jana Pawła II, „Roczniki Nauk o Rodzinie i Pracy Socjalnej" 2012, Nr 4 (59)

Chmielewski M. (Ks.), *Duchowość według Jana Pawła II. Studium na podstawie encyklik i adhortacji*, Lublin 2013

Chmielewski M. (Ks.), *Medytacyjny wymiar „Geniuszu kobiety". Refleksja nad Listem apostolskim „Mulieris dignitatem"*, „Ateneum Kapłańskie" 1994, Nr 86

Kroczek P. (Ks.), *List do rodzin Gratissimam Sane jako wskazówka dla prawodawstwa państwowego*, Kraków 2015

Kupczak P., *Wolność osoby ludzkiej według Karola Wojtyły – Jana Pawła II*, „Teologia w Polsce" 2011, Nr 5, 1

Lubowicki K., *Duchowość małżeńska w nauczaniu Jana Pawła II*, Kraków 2012

Pikuła N., *Mądrość życiowa osób starszych paradygmatem wychowawczym współczesnej rodziny*. W: B. Balogová (red.), *Elan vital v priestore medzigeneracnych vztahov*, Presov 2010

Opiela M., *Jan Paweł II słowem i życiem o starości i posłannictwie osób w podeszłym wieku*, Rozprawy Społeczne 2015, Nr 4 (IX)

Półtawska W., *By rodzina była Bogiem silna*, Częstochowa 2003 Przygoda W. (Ks.), *Formacja apostolska ludzi w podeszłym wieku*,

„Legnickie Studia Teologiczno-Historyczne Perspectiva" 2009, Nr 1 (14)

Syczewski T. (Ks.), *Myśl Jana Pawła II o małżeństwie i rodzinie*, Materiały dla studentów, https://www.kul.pl/files/1418/materialy_na_zajecia/syczewski/mysl_jana_pawla_ii_o_malzenstwie_i_rodzinie.doc+&cd=1&hl=pl&ct=clnk&gl=pl

Szymecki S. (Abp), *Jan Paweł II*, „Czas Miłosierdzia" 2003, Nr 6 Wojtyła K. (Kard.), *Osoba i czyn oraz inne studia antropologiczne*, Lublin 2019

Wuwer A. (Ks.), *Drogi Kościoła prowadzą do człowieka*, „Gość Niedzielny" 2001, Nr 29

Książka „Cywilizacja miłości" jest dedykowana nam wszystkim: kobietom, mężczyznom, rodzinom i zawiera w sobie słowa Papieża Jana Pawła II, który w swoich encyklikach pokazuje nam wszystkim, jak naprawdę ważna jest nasza rola jako części ludzkości we współczesnym świecie.
W szczególności analizowane są role żony i męża, mężczyzny i kobiety, małżeństwa i rodziny, zmieniające się role związane z wiekiem.

Czym jest „Rodzina pełna miłości"? W jakim kierunku powinna podążać każda rodzina?
To są palące pytania, na które Jan Paweł II odpowiada nam z wielką jasnością.
Papież Jan Paweł II pisał dużo na ten temat, a ja przeczytałam 15 000 stron, książek, encyklik, Biblii, aby przedstawić wam mały fragment cudownej historii Miłości, dotyczącej mężczyzny, kobiety, małżeństwa, rodziny, dzieci i seniorów .
Starałam się nie zakłócać wymownej prozy Jana Pawła II, a raczej ilustrować, wprowadzać i podsumowywać. Myśli i pisma są w całości autorstwa papieża Jana Pawła II. Nie zmieniłam tego w żaden sposób.

Prywatnie napisałam tę książkę po poważnym wypadku samochodowym, jako świadectwo mojej wiary i miłości do Boga. 26 marca 2021 roku zatrzymałam się na światłach na skrzyżowaniu dróg w moim mieście.
Wyciągając z torebki wafelki, położyłam obok siebie na siedzeniu pasażera zdjęcie Jana Pawła II.
Dwie minuty później mój samochód został brutalnie potrącony i przewrócony z bardzo dużą prędkością przez pędzącego pijanego kierowcę, który nie zauważył czerwonego światła ani tego, że stałam z przodu.

Samochód był tak zmiażdżony, że został złomowany. Poduszka powietrzna w samochodzie nie zadziałała, ale dzięki Bogu, bo by mnie udusiła. Nie mogłam chodzić ponad 7 miesięcy, a rehabilitacja trwała 1,5 roku.
Leżąc w łóżku z poczuciem bezradności, czytałam dla inspiracji dzieła Jana Pawła II.
Pełna wdzięczności za to, że kontuzja kręgosłupa mogła być znacznie gorsza: jeszcze milimetr i rdzeń kręgowy zostałby trwale uszkodzony, tak że nie byłabym w stanie chodzić.

Takie wydarzenia nieuchronnie zmuszają do kontemplacji własnej egzystencji. Całe to wydarzenie uświadomiło mi, – jak nigdy dotąd, jak kruche jest ludzkie życie. W końcu jesteśmy tu tylko przez krótką chwilę w naszej ulotnej egzystencji.

Pełni miłości do Boga, możemy tylko starać się wypełniać przykazania Boże, a tym samym coraz bardziej ewaluować ku Jego doskonałości.

Całe moje życie, podobnie jak wielu innych, właściwie pracowałam i przygotowywałam się do jednoczesnego spotkania z Panem.

A teraz modlę się, drogi Czytelniku, aby Bóg zawsze chronił Ciebie i Twoją rodzinę.

Proszę, przyjmijcie ten mały dowód mojej sympatii i dar boskiego wglądu od Papieża Jana Pawła II dla nas.

Weź z niego to, czego potrzebujesz dla siebie, a bez wątpienia będziesz świadkiem pięknej zmiany, która z tego wyniknie, i prowadzi Cię coraz bliżej Boga - Z Miłością płynącą z Mojego Serca i z wieczną Łaską Bożą.... Katarzyny Dorosz

www.ingramcontent.com/pod-product-compliance
Lightning Source LLC
LaVergne TN
LVHW021959060526
838201LV00048B/1629